잘 만든 콘텐츠 하나로
열 가지 일을 할 수 있다!

생각
정리
기획력

나만의 콘텐츠를 만들어 내는 힘
생각정리기획력

초 판 1쇄 발행 2019년 4월 30일
초 판 11쇄 발행 2022년 9월 20일
개정판 1쇄 발행 2023년 8월 30일
개정판 2쇄 발행 2024년 5월 10일

지은이 **복주환**
펴낸이 **백광옥**
펴낸곳 **(주)천그루숲**
등 록 2016년 8월 24일 제2016-000049호

주 소 (06990) 서울시 동작구 동작대로29길 119
전 화 0507-0177-7438   팩   스 050-4022-0784
이메일 ilove784@gmail.com   카카오톡 천그루숲

기획/마케팅 백지수
인쇄 예림인쇄   제책 예림바인딩

ISBN 979-11-93000-20-5 (13320) 종이책
ISBN 979-11-93000-21-2 (15320) 전자책

★ 나만의 콘텐츠를 만들어 내는 힘 ★

생각정리기획력

· 복주환 지음 ·

강연, 책, 방송, SNS, 유튜브를 넘나들며
'나만의 콘텐츠'로 먹고 사는 실전 생존력

천그루숲

이 책을 집필하는 과정에서 재미있는 사실을 발견했다. '기획'과 관련된 책을 검색해 봤더니 집필 당시 기준으로 무려 67,182건이나 되었다. 기획 관련 서적이 이렇게 엄청나게 출간되는 이유는 무엇일까? 무한경쟁 속에서 살아남을 수 있는 방법이 바로 '기획력'이기 때문일 것이다.

사람들에게 '기획이란 무엇인지' 물어보면 다양한 대답을 한다. A는 기획서 관점에서 풀어내고, B는 아이디어 관점에서 말한다. C는 프레젠테이션 제작 관점에서 말하고, D는 철학적으로 푼다. E는 브랜딩 측면에서 설명하고, F는 이론을 말한다. 그만큼 사람들은 기획을 다양한 각도에서 바라보고 있다. 그렇다면 이 책에서 말하고자 하는 '기획'은 무엇일까?

이 책에서는 '콘텐츠 크리에이터'를 위한 '콘텐츠 기획'을 말할 것이다. 지금 우리나라를 비롯해 전 세계적으로 콘텐츠 열풍이 불고 있다. 그 어느 때보다 콘텐츠의 가치를 인정받는 시대이다 보니 나만의 콘텐츠를 기획해 강연이나 책 쓰기, 1인미디어 제작 등을 하고 싶은 사람들이 점점 늘어나고 있다. 또 기업에서도 콘텐츠 기획자 또는 콘텐츠 크리에이터를 양성하기 위해 아낌없는 투자를 하고 있고, 직장인들 역시 콘텐츠 기획에 많은 관심을 가지고 있다.

보통 우리는 콘텐츠 크리에이터라고 하면 유튜브 크리에이터를 떠올린다. 하지만 이 책에서 말하는 콘텐츠 크리에이터는 유튜브 크리에이터만을 지칭하지 않는다. 본문에서 자세히 언급하겠지만, 지금의 콘텐츠 크리에이터는 새로운 관점에서 바라볼 필요가 있다. 이들은 하나의 플랫폼에만 머물지 않고 다양한 플랫폼에서 경계를 넘나들며 활동을 하는 사람이다. 자신만의 콘텐츠를 기획해 유튜브, 팟캐스트, SNS, 1인미디어 활동은 기본이고, 더 나아가 책 쓰기, 칼럼 기고, 대중 강연, 기업 교육, 방송과 라디오에 출연한다. 잘 만든 콘텐츠 하나로 열 가지의 일을 만들어 내고 있는 것이다.

콘텐츠를 잘 만들기 위해서는 무엇보다 '기획력'이 있어야 한다. 기획의 최종 목표는 기획을 완성시키는 것인데, 그것을 해낼 수 있는 힘이 바로 '기획력'이기 때문이다. 단순히 콘텐츠를 만들고 싶다고 생각만 하는 것이 아닌, 생각을 행동으로 옮기는 힘(力), 그 힘이 있어야 한다. 책을 쓰고 싶다고 생각하면 어떻게든 책을 써내는 힘! 유튜브 크리에이터가 되고 싶다면 영상을 매일매일 촬영하고 편집하고 업로드까지 해내는 힘! 강연가가 되고 싶다면 콘텐츠를 잘 정리해 강의안을 만들고, 많은 사람들 앞에서 두려움을 극복하고 말할 수 있는 힘! 베스트가 되고 싶다면 베스트가 될 수 있는 생각과 행동을 하는 힘이 있어야 한다.

이러한 기획력을 가장 쉽게 설명할 수 있는 방법이 무엇인지 고민하던 끝에 강력한 무기 하나를 꺼내기로 했다. 바로 '나의 스토리'다. 나는 오랫동안 생각정리에 대해 연구를 했고, 〈생각정리 시리즈〉 콘텐츠를 기획하고 제작했다. '생각정리하면? 복주환! 복주환은? 생각정리!'라는 브랜딩을 구축하기 위해 노력해 왔다. 그 결과 〈생각정리 시리즈〉 콘텐츠를 '강의, 책, 칼럼, 이러닝, 오디오북, 다이어리' 등 다양한 형태의 결과물로 만들어 냈고, 생각정리가 필요한 많은 분들에게 전달하고 있다. 하나의 지향점을 이루기 위해 여러 시행착오와 난관에 부딪히며 도전해 온 '나의 스토리'라면 충분히 기획력을 잘 설명할 수 있을 것 같았다. 그래서 이 책에서 〈생각정리 시리즈〉를 기획한 스토리를 정리해 보고자 한다.

〈생각정리 시리즈〉는 총 3권으로 기획되었다. 우선 1탄《생각정리스킬》을 읽었던 독자라면 책을 통해 머릿속 생각을 정리하는 방법과 원리를 배웠을 것이다. 2탄《생각정리스피치》까지 읽은 독자들은 말하기와 글쓰기를 동시에 잡는 방법을 익혔을 것이다. 이제 3탄《생각정리기획력》에서는 무엇을 해야 할 차례인가?

생각도 정리되었고, 말하고 글 쓰는 방법까지 터득했다면,
나만의 콘텐츠를 스스로 기획하고 만들어 볼 차례다!

이 책에서는 '콘텐츠 기획 노하우'를 총 4장에 걸쳐 풀어볼 것이다. 제1장에는 콘텐츠 기획을 시작하기 위한 기본상식과 노하우를 정리했다. 제2장부터 제4장까지는 〈생각정리 시리즈〉 콘텐츠를 기획하

고, 이것이 강의가 되고 책으로 완성되어 가는 과정을 그렸다. 시간적 순서로 내용을 썼기 때문에 하나의 콘텐츠가 어떻게 성장하는지 지켜보는 재미가 있을 것이다. 책 중간중간에 콘텐츠 기획 꿀팁도 담았다. 이번 책의 목표는 나의 기획 스토리를 통해 당신이 콘텐츠를 기획할 때 도움을 주는 것이다. 책을 읽다 아이디어가 떠오르면 즉시 생각을 정리하고, 행동에 옮겨 당신만의 콘텐츠를 기획해 보기 바란다.

경험해 본 바, 콘텐츠를 기획하고 만들어 가는 과정은 결코 쉽지 않다. 그 과정은 외롭고 힘들고 지치기도 하는 길이다. 이때 당신의 아이디어를 믿어주는 지지자가 단 한 명이라도 있다면, 최소한의 준비과정을 알려주는 사람이 있다면 어려운 상황을 잘 극복해 나갈 수 있을 것이다. 부디 이 책이 그 역할을 해주었으면 좋겠다. 당신이 콘텐츠를 기획하고 완성하는 날까지 친한 친구처럼 이 책이 항상 함께하길 바랄 뿐이다.

세상에는 혼자 할 수 있는 일이 있고, 함께해야 할 수 있는 일이 있습니다. 부족한 제가 여기까지 올 수 있었던 것은 함께 도와주신 분들이 계셨기 때문입니다. 《생각정리스킬》《생각정리스피치》《생각정리기획력》이 완성되기까지 긴 여정을 함께해 준 모든 분들께 지면을 빌려 고개 숙여 감사의 말씀을 드립니다. 앞으로 더 좋은 콘텐츠로 은혜에 보답하겠다는 약속을 드립니다.

복주환

하고 싶은 일을
반드시 해내는 힘!

나는 〈생각정리 시리즈〉를 기획한 콘텐츠 크리에이터다

나는 현재 대기업, 공공기관, 대학교뿐만 아니라 대한민국에서 가장 이성적이고 논리적이라는 검사 분들을 대상으로 정기적으로 교육을 진행하고 있다. '생각정리'를 주제로 한 책 4권을 썼고, 후속 시리즈도 계속해서 집필할 계획이다. '나만의 콘텐츠'를 만들어 활동하다 보니 예전에는 없었던 다양한 호칭들이 생겼다.

'작가, 대표, 교수' 그리고 '생각정리 전문가'

과거의 나는 생각정리를 못해 고민이 많았던 사람이었다. 해야 할 일도 많았고 만나야 될 사람도 많은데, 어디서부터 어떻게 생각을 정리해야 할지 몰라 답답했다. 아이디어는 많았지만 생각이 정리되지 않아 모두 무용지물이었다. 말을 잘하고 싶었지만 두서없이 생각하니 두서없이 말했다. 20대 중반 1,000권 이상의 책을 읽었다. 지식과 정보가 많아지면 말도 저절로 잘할 줄 알았지만 그 반대였다. 읽기만 하고 생각을 정리하지 않으니, 오히려 머릿속이 더 복잡해졌다. 말은 불필요한 수식어들로 가득 찼다. 글을 잘 쓰는 친구들이 부러웠다.

'논리정연하게 생각을 정리하는 방법이 도대체 무엇일까?'
'어떻게 하면 말하기와 글쓰기를 잘할 수 있을까?'
그 방법이 늘 궁금했다.

그 후 10년 동안 나에게 무슨 일이 있었던 것일까? 생각정리를 못했던 나는 그 흑역사를 재료로 삼아 '나만의 콘텐츠'를 만들어 냈다. 놀랍게도 《생각정리스킬》과 《생각정리스피치》는 1쇄만 넘겨도 감사할 만큼 불황인 출판시장에서 두 권 합쳐 100쇄 이상 찍으며, 10만 학습자와 독자 분들께 사랑받는 베스트셀러 책과 강의가 되었다.

베스트셀러 콘텐츠를 만든 비밀은? 기획력!

나의 과거를 돌아보면 이건 기적과 같은 일이다. 내 나이 스물 하나, 아버지께서 돌아가시며 가세가 기울었다. 갑작스럽게 어머니와 가족들을 책임져야 하는 한 집안의 가장이 되었다. 고민하는 것도 힘들었던 찰나, 3개월 뒤 군대에 오라는 입영통지서를 받았다. 아무것도 할 수 없는 막막한 상황이었다. 빗물이 새는 반지하 단칸방에 살며 매일 밤 종이에 버킷리스트를 적었다. 모두가 눈을 감고 잠을 자는 시간, 나는 눈을 뜨고 꿈을 꿨다.

'베스트셀러 작가, 영향력 있는 강사 되기!'

세상에 도움을 줄 수 있고 선한 영향력을 끼치는 사람이 되는 것이 나의 꿈이었다. 생각정리, 말하기, 글쓰기에 본격적으로 관심을 가지고 수년간의 연구가 시작됐다. 그 과정에서 깨달은 솔루션을 기반으로 생각정리 콘텐츠를 기획했다. 그렇게 꿈을 이룰 수 있는 길이 열리는 듯 싶었다. 하지만 처음부터 잘됐던 것은 아니다. 초창기에 '생각정리하는 방법'을 콘텐츠로 만들어 교육을 할 거라고 말하면, 주변 사람들은 나의 생각을 의심했다. '생각정리클래스'로 창업할 거라고 말하면, 아이디어는 좋은데 시장이 없을 거라고 단언했다. 가능성보다는 숫자를, 믿음보다는 근거를 먼저 보기를 원했다. 이 책이 나오는 지금까지도 끊임없이 이 질문을 던져왔다.

"어떻게 하면 해낼 수 있을까?"

나 역시 이 모든 것이 처음이었기에 직접 부딪히고, 해보는 것만이 답이었다. 하지만 안타깝게도 당시 나는 3가지 조건이 준비되지 않았다.

첫째, 당시 나이가 20대 중반이라 강사로서는 너무 어렸다.

둘째, 아직 대학을 졸업한 상태도 아니었다.

셋째, 베테랑 강사들만큼 강의를 많이 해본 경력도 없었다.

나이, 학력, 경력을 중요시하는 교육시장에서 살아남을 수 있는 유일한 방법은 '콘텐츠'였다. 콘텐츠 기획에 승부를 걸기로 마음 먹었다.

"지금 당장 할 수 있는 일이 무엇일까?"

직접 나만의 강의 콘텐츠를 개발했다. 그리고 콘텐츠에 관심을 갖는 단 한 사람이라도 있으면 강의를 진행했다. 재능기부로 콘텐츠를 전하기도 했다. 머릿속에는 늘 〈생각정리스킬〉 생각뿐이었다. 지금 당장 해야 하는 일이 무엇인지 항상 고민했고, 생각을 했으면 곧바로 행동했다. 기획서가 필요하면 그 자리에서 작성했다. 홍보자료가 필요하면 포스터를 직접 디자인했다. 찾아주는 곳이 없을 때는 먼저 찾아가 영업을 했고, 밤잠을 아껴 책을 썼다. 기업에서 강의하게 되었을 때는 직장인들을 직접 만나 니즈를 분석하고 강의안과 프로그램을 매번 맞춤형으로 개발했다.

강의가 책으로 나오고, 이러닝 콘텐츠가 세상에 선을 보였다. 이외에도 칼럼, 카드뉴스, 방송, 라디오, 팟캐스트, 유튜브, 다이어리 등 어떤 형태로든 '생각정리 콘텐츠'를 알리기 위해 노력했다. 그렇게 하나하나씩 내가 바라고 원하고 기획했던 그림들을 완성해 나갔다. 하나의 콘텐츠를 강의에만 국한하지 않고 콘텐츠 크리에이터로서 활동하고 싶었던 꿈을 이루기 위해 다양한 영역에서 노력하고 있다. 그리고 '생각정리' 콘텐츠에 부합하는 이미지를 만들기 위해 체중을 20kg이나 감량하고 몸을 만들었다. 또한 이미지 코칭 전문가를 직접 찾아가 콘텐츠에 맞는 이미지를 만들고자 노력했다.

2권의 책을 출간한 후 책을 들고 10년 만에 대학시절 교수님을 찾아뵈었다. 교수님은 SNS를 통해 내가 성장하는 과정을 지켜봤다며 응원의 말씀을 해주셨다.

"주환아. 네가 대단한 이유가 뭔지 아니? 단지 어린 나이에 2권의 베스트셀러 책을 써서가 아니야. 대기업에서도 강의를 인정받았지만 꼭 그래서 내가 너를 대단하다고 하는 것은 아니야. 너에게는 보이지 않는 기획력이 있어. 생각을 정리하겠다는 상상력! 그것을 현실로 만들어낸 실행력! 많은 사람들에게 생각정리가 필요하다고 납득시킨 설득력! 한마디로 너에게는 '기획력'이 있어! 기획력이 있다면 다음 콘텐츠, 그다음 콘텐츠를 계속해서 만들어 나갈 수 있을 거야. 그게 진짜 대단한 거야."

이 말을 듣는 순간 눈물이 핑 돌았다. 사실 나는 불안하기도 했었다. 젊은 나이에 계속 새로운 결과물을 만들어 내다 보니 다음 콘텐츠에 대한 부담감이 컸던 것이 사실이다. 그런데 교수님께서 단순히 결과가 아닌 과정을 봐주신 것이다.

"기획력이 있는 한 너는 계속해서
새로운 콘텐츠를 만들어 낼 수 있을 거야!"

그동안 사람들이 모르는 나만의 힘든 과정들이 있었다. 콘텐츠 기획을 시작했던 순간부터 지금까지, 〈생각정리스킬〉에 대해 잊은 적이 단 한 번도 없었다. 오랜 기간 생각정리 콘텐츠 연구와 기획에 미쳐 있었다. 〈생각정리스킬〉을 만든 과정 하나하나가 내게는 영화 같은 일이었고, 또 치열한 현장이었다. 그래서 교수님으로부터 눈에 보이지 않는 과정에 대한 노력과 미래의 가능성에 대한 진심 어린 지지를 받았을 때 눈물이 왈칵 쏟아질 뻔했다. 그때 비로소 깨달았다.

그동안 내가 인지하지 못했던 가장 중요한 단어, '기획력!' 남들보다 부족한 점이 많지만, 내가 가지고 있는 능력이 한 가지 있다면 바로 '기획력'이었다. 직접 해보기 전까지는 정체가 보이지 않아 나조차 인지하지 못했던 능력이었다.

교수님의 말씀을 듣고 나서 세 번째 책《생각정리기획력》을 쓰기로 마음먹었다. 콘텐츠 기획력의 중요성이 높아지고 있는 지금 시대에 '기획력'은 사람들에게 꼭 필요한 주제라는 생각이 들었기 때문이다. 그리고 내 삶 속에서 가장 자신 있게 말할 수 있는 키워드이기도 했다. 흙수저였던 내가 흑역사를 재료삼아 베스트셀러를 만들어 냈던 과정과 경험, 무에서 유를 만든 스토리가 누군가에게는 필요할 것이라는 확신이 들었다.

나는 스스로 많이 부족한 사람이라는 걸 잘 알고 있다. 그랬기 때문에 콘텐츠 기획에 목숨을 걸었다. 처음에는 콘텐츠를 기획했던 나도 〈생각정리스킬〉의 범위가 어디까지일지, 어떻게 펼쳐나갈지, 기업에서 통할지 등에 대해 가능성만 있었을 뿐 증명할 수 없었다. 또 콘텐츠 기획을 성공시키기 전까지는 그 누구도 나를 인정해 주지 않았다. 기획은 완성되기 전까지 한낱 생각이라는 신기루에 불과했다. 내가 말하고 싶은 기획력은 '하고 싶다'라는 생각을 '해냈다'로 바꾸는 힘이다. 단순한 바람이나 꿈, 희망에서 그칠 수 있었던 것을 현실로 이루어 내는 것, 그 힘이 바로 '기획력'이라는 것을…. 원하는 것들을 현실로 이루어낸 지금에 와서야 비로소 알게 되었다.

세상은 빠르게 변했고 '나만의 콘텐츠'를 인정받을 수 있는 시대가 되었다. 하지만 나는 여전히 내가 가고 있는 길이 맞는지, 어디로 가야 하는지 막막할 때가 많다. 그럴 때마다 나는 각 분야의 대가들을 직접 찾아가 조언을 구했다. 그들의 이야기는 경험에서 우러나와 어디에서도 들을 수 없는 정수이자 고급정보였다. 강의를 잘하기 위해 스타강사들을 분석했고 그들의 강연을 직접 들으러 다녔다. 강연에 다녀오고 나서도 계속 그들의 강연과 강의를, 그리고 강의력을 분석했다. 방송에 출연하기 전에는, 먼저 방송을 경험했던 분들을 찾아가 조언을 들었다. 유튜브를 하기 전에는 먼저 유튜브를 시작한 유튜버들의 이야기를 들었다. 책을 쓰기 전에는 23년 차 에디터인 출판사 대표님의 말씀을 들었다. 누군가는 그냥 듣고 흘려보내는 정보였을 수도 있다. 하지만 이러한 정보를 어디에서도 얻기 어려웠기에, 그들의 말들을 귀하게 여기며 그들이 말한 한 문장 한 문장을 묵묵히 실천으로 옮겼다. 그리고 이를 통해 바른 길로 나아갈 수 있었다. 이제는 나도 자신만의 콘텐츠를 기획하며 불안하고 막막해하는 분들에게 도움을 드리고 싶다. 《생각정리기획력》이 세상에 영감을 주고, 용기가 되길 진심으로 바란다. 나만의 콘텐츠를 멋지게 만들고 싶은가? 그럼 지금, 함께 시작해 보자!

"새로운 일을 시작하는 용기 속에
천재성과 무한한 능력과 하늘이 돕는 기적이 숨어 있다!"

요한 볼프강 폰 괴테(Johann Wolfgang von Goethe)

1장

콘업일치!
콘텐츠가
업이 되는 시대!

01

나만의 콘텐츠를 만들면
좋은 점 3가지

콘텐츠 크리에이터가 되면 무엇이 좋을까? 직접 경험했던 일들과 주변 분들의 실제 경험을 바탕으로 콘텐츠 크리에이터로 성공하면 무엇이 달라지는지 3가지로 정리해 봤다.

첫째, 소비자에서 생산자로, 분야의 전문가로 성장한다!

지금 나의 삶에서 가장 달라진 점은, 소비자에서 생산자로 바뀌었다는 점이다. 과거에 나는 타인의 생각을 소비하며 살아왔다. 관심 있는 정보와 지식이 있으면 책을 찾고, 인터넷에서 정보를 검색했다. 강의와 강연을 찾아다녔고 유튜브와 팟캐스트 등을 통해 정보를 수집했다. 필요한 정보를 보고 들었지만 딱 거기까지였다. 콘텐츠를 소비하고 거기서 만족했다.

하지만 콘텐츠 크리에이터가 된 이후에는 삶이 달라졌다. 정보를 내 것으로 만들어 다시 재생산할 수 있게 되었다. 나만의 방식으로 지식과 정보를 재해석·재구성해서 누군가를 위해 콘텐츠를 만들어 낸다. 물론 오랜 시간과 노력이 필요하고 결코 쉽지 않은 일이지만 콘텐츠 생산자가 된 이후 그 이상의 혜택을 얻게 되었다. 생산자가 되면서부터 소비자 때보다 훨씬 더 많은 공부를 하게 되었다. 콘텐츠를 만드는 과정에서 정보와 지식을 더 많이 기억하게 되었고, 누군가를 가르치면서 더 많이 배우게 되었다. 또 SNS와 책 등 다양한 플랫폼에 나의 콘텐츠를 공유하며 사람들에게 분야의 전문성을 인정받게 되었다.

물론 콘텐츠 소비자의 역할만으로도 충분히 만족할 수 있고 행복할 수 있다. 그러나 한 번쯤 평소 좋아했던 분야에 대해 콘텐츠의 소비를 넘어 직접 기획해 보는 것도 도전해 볼만한 일이다. 직접 글을 쓰면서 작가를 이해할 수 있게 되고, 강연을 해보면서 강연가의 관점을 알게 되며, 영상을 찍어보며 유튜버의 삶이 무엇인지 알게 되기 때문이다. 콘텐츠를 직접 기획해 보고, 창작의 고통에서 얻을 수 있는 성취감을 느껴보자. 그러면 이후 새로운 콘텐츠를 계속해서 만들고 있는 자신을 보게 될 것이다.

생산자 입장이 되면 콘텐츠를 어떻게 기획하면 좋을까 구상하게 되고, 그 과정에서 수많은 공부를 하게 된다. 이렇게 공부가 수개월, 수년 동안 지속되다 보면 지식과 정보가 엄청나게 쌓인다. 나만의 빅데이터가 생기는 것이다. 그것을 재가공해 누군가에게 전하는 일을 하다 보면 서서히 그 분야의 전문가로 성장하게 된다.

분야의 전문가로서
인정받고 대우받음

시간, 돈, 인간관계가
자유로워진다

'콘텐츠'와 '업' 일치
통해서 자아실현

　소비자에서 생산자가 되기 위해서는 먼저 자신이 자주 접하는 콘텐츠의 유형이 무엇인지 생각해 봐야 한다. 책을 좋아하는 사람이 결국 작가가 되고, 강연을 자주 듣던 사람이 결국 강연가가 되고, 유튜브 영상을 자주 보던 사람이 결국 유튜버가 될 확률이 높은 것은 어찌 보면 자연스러운 일이다.

　과거에는 방송에 나오는 전문직 종사자, 대학교수, 유명한 저자들의 입김이 컸다. 하지만 지금은 다양한 삶의 노하우를 가진 개인들이 자신만의 SNS, 즉 1인미디어를 보유하며 콘텐츠도 상품처럼 소품종 대량생산이 아닌 다품종 소량생산의 시대가 되었다. 워낙 다양한 관심사들이 생기면서 기존 공중파에서 세밀하게 다루지 않았던 콘텐츠에 대해 개인들이 다양한 관점과 해석으로 접근하고 있다. 이로 인해 개인들이 공중파 못지않게 영향력을 가질 수 있게 되면서, 인플루언서의 시대가 도래했다. 이제 우리도 다양한 정보와 지식을 나만의 관점에서 재미있게 해석해 기획하고, 창의적으로 재해석해서 콘텐츠를 만들어 보자. 그렇게 콘텐츠 전문가로 점점 성장해 나갈 수 있다.

✍ 둘째, 시간과 돈, 인간관계에서 자유로워진다!

인생에서 가장 중요한 자원인 시간과 돈, 이 두 자원은 한정적이다. 유한한 삶을 살아가는 우리가 시간을 자유롭게 쓸 수 있고, 부족하지 않을 만큼 돈을 벌 수 있다면 얼마나 좋을까? 하지만 막상 현실적으로 직장생활을 하다 보면 매일 아침 9시부터 6시까지 혹은 그 이상을 회사에서 보내게 된다. 출퇴근시간 외에 야근, 주말출근, 출장까지 더하면 더 심각해진다. 시간이라는 귀중한 자원을 안정감·소속감과 바꾸며 살아가는 것이다.

돈 역시 마찬가지다. 물론 인센티브 등의 보상이 있지만 제한적이다. 내가 벌 수 있는 돈이라는 자원이 한정적이라는 뜻이다. 아무리 노력을 해도, 매달 들어오는 돈은 거의 비슷하다. 물론 월급으로 인해 안정적인 생활을 할 수는 있지만, 더 큰 부를 만들기는 어렵다.

학창시절에는 내가 원하는 사람들과 친해질 수 있는 일종의 자유가 있다. 하지만 직장생활을 하다 보면 때로는 내가 원하지 않은 인간관계도 해야 할 때가 있다. 이처럼 시간, 돈, 관계 등에서 자유롭기가 쉽지 않으니 스트레스를 받을 때도 많다.

콘텐츠 크리에이터가 되어 안정기에 접어들면 시간과 돈, 인간관계에서 비교적 자유로워진다. 가장 좋은 점은 출퇴근의 제약에서 벗어날 수 있다는 것이다. 콘텐츠를 만드는 내가 곧 대표가 되기 때문에 눈치를 봐야 할 상사도 없고, 집이든 카페든 원하는 공간에서 자유롭게 일을 할 수 있다. 해야 할 일을 다했다면 휴식도 언제든 자유다. 시간이 나면 취미생활도 마음껏 즐길 수 있다.

원하는 취미생활을 통해 '돈'과 '행복'의 균형감을 갖출 수 있다. 거기에서 얻은 지식과 정보를 다시 재가공해 새로운 콘텐츠를 만들어 투자한 것 이상으로 다시 돈을 번다. 그 돈으로 취미생활에 재투자를 하고 다시 새로운 콘텐츠를 생산한다. 취미가 콘텐츠가 되고, 콘텐츠가 일을 만들어 주고, 돈을 벌게 하고, 다시 취미를 만들어 주는 선순환이 이루어지는 것이다.

그렇다고 모든 사람들에게 '전업' 콘텐츠 크리에이터가 되라고 권유하는 것은 결코 아니다. 사이드 프로젝트로도 얼마든지 할 수 있다. 내가 알고 있는 한 에세이 작가는 직장생활을 유지하면서 콘텐츠 크리에이터로도 멋지게 활동하고 있다. 직장생활로 경제적 안정을 유지하면서, 평소 하고 싶었던 콘텐츠 크리에이터 일을 여가시간에 하는 것이다.

퇴근하거나 주말에 글 한 편, 영상 하나 찍어 올리는 것만으로도 족하다. 일주일에 1개씩, 그렇게 스몰 스텝으로 나아가다 보면 1년에 52개의 콘텐츠가 쌓인다. 콘텐츠 크리에이터가 추천하는 콘텐츠 발행주기는 보통 1주일에 2개 정도이다. 1주일에 최소 2개를 만들면 1년이면 100개 이상의 콘텐츠가 생기고, 이렇게 콘텐츠가 쌓이다 보면 수익을 창출할 수 있는 다양한 기회가 생긴다.

최근에는 사회 전반적으로 콘텐츠의 가치를 많이 인정해 주고 있다. 저작권에 대한 인식이 높아졌기 때문이다. 불펌 문화가 많이 사라지고, 돈을 내고 콘텐츠를 구입하는 것이 보편화되고 있다. 그리고 잘 만든 유튜브 콘텐츠는 광고수익까지 벌 수 있다. 나도 모르게 돈이 들어와 내게 경제적 보탬이 되어 주니 얼마나 좋은가?

또 기획한 콘텐츠가 대박이 나면 수익이 다각화될 수 있다. 책을 출간해 인세를 받고, 강의를 통해 강의료를 받고, 칼럼을 쓰면 원고료가 나온다. 인터넷 강의에서는 정기적으로 매출이 발생한다. 방송이나 라디오에 출연하면 출연료를 받는다. 그룹 및 1:1 개인 컨설팅을 하게 되면 더 많은 수익이 생긴다.

또 직장생활 이외에 콘텐츠와 관련된 새로운 인간관계가 형성된다. 예를 들어 크리에이터 모임에서는 콘텐츠를 만든다는 점에서 공감대를 가진 사람들과 함께 이야기를 나누는 것만으로도 즐겁다. 콘텐츠를 기획하는 활동을 통해 또 다른 인연이 만들어지는 것이다.

이처럼 우리에게 주어진 한정된 시간을 크리에이터 활동을 통해 보다 더 의미 있고 가치 있게 보낼 수 있다. 또 콘텐츠에 관심을 가져주고 사랑해 주는 팬들과의 소통과 만남은 크리에이터만이 느낄 수 있는 특별한 기쁨이다.

✒ 셋째, 콘텐츠와 업이 일치된 삶 '콘업일치'를 통해 자아실현을 한다!

콘텐츠 크리에이터가 되는 길은 쉽지 않은 길임은 분명하다. 창작의 고통이 수반되기 때문이다. 하지만 그 과정에서 찾아오는 성취감과 행복 역시 크다. 어떤 측면에서 콘텐츠 크리에이터는 예술가와도 같다. 보이지 않는 생각을 현실로 만들고, 기존에 없던 것을 창작하기 때문이다. 감독은 아무것도 없는 무대 위에 극을 만들어 낸다. 화가는 백지에 그림을 그리고, 작가는 오직 상상력만으로 아무것도 없는 원고지에 글을 써내려간다. 이처럼 콘텐츠 크리에이터는 콘텐츠라는 형태로 무에서 유를 만들어 낸다.

콘텐츠 크리에이터의 본질은 창작이다. 콘텐츠를 만드는 것으로 꼭 돈을 벌지 못하더라도, 만드는 것 그 자체만으로도 의미가 있다. 나의 경우는 전업으로 했기에 목숨을 걸고 했다. 하지만 모두가 생존을 걸어야 하는 것은 아니다. 소소하게 취미로 즐겨도 행복할 수 있다. 나만의 콘텐츠를 만드는 취미활동은 그 어떠한 취미보다도 의미 있을 것이다. 그 이유는 당신의 삶이 재료가 되고, 당신의 삶을 하나의 콘텐츠를 만들어 보는 과정 그 자체가 자신에게 큰 의미이기 때문이다. 특히 콘텐츠를 만들다 보면 계속 나 자신과 마주하고, 끊임없이 나와 대화를 하게 된다. 이런 과정 자체가 큰 의미가 된다.

콘텐츠는 나로부터 시작되고, 나 자신을 이해해야 비로소 콘텐츠가 만들어진다. 또한 콘텐츠로 인해 나와 사람들의 만남과 소통이 이루어진다. 그래서 콘텐츠의 완성은 곧 자아실현으로 이어질 수 있다.

우리는 누구나 이 세상에 무언가를 남기고 가고 싶어 한다. 그렇지 않으면 허무함이 밀려오기 때문이다. 내가 세상에서 사라지더라도 나의 의미와 가치를 담은 콘텐츠가 남을 수 있다면, 한 번 사는 인생이 좀 더 값지고 의미 있어 지지 않을까?

콘텐츠 크리에이터의 특별함은 바로 여기에 있다. 하나뿐인 내 삶이 콘텐츠가 될 수 있다는 것! 내가 나일 수 있는 일을 하며 살아간다는 것! 얼마나 멋진 일인가?

02

좋은 콘텐츠 vs 나쁜 콘텐츠

우리는 이 책에서 〈생각정리스킬〉 콘텐츠가 강의에서 책으로, 그리고 방송과 영상으로 성장하는 과정을 보게 될 것이다. 동시에 이를 통해 콘텐츠를 기획하고 만드는 방법들을 알게 될 것이다. 그 전에 우선 콘텐츠 크리에이터에 대해 알아야 할 기본적인 상식이 있다. 콘텐츠란 무엇이며 콘텐츠 크리에이터는 어떤 사람인지 알아야 한다.

많은 사람들이 '콘텐츠 크리에이터' 또는 '크리에이터'를 떠올리면 영상을 기획하고 촬영하고 제작하는 1인미디어 크리에이터만을 생각한다. 하지만 1인미디어 제작자만을 콘텐츠 크리에이터로 국한하기에는 콘텐츠라는 단어가 너무 광범위하다.

이 책에서는 '콘텐츠 크리에이터'라는 개념을 1인미디어 크리에이터(유튜버, 블로거, 팟캐스터 등)뿐만 아니라 자신만의 콘텐츠를 가지고 크리에이티브한 활동을 하는 사람, 즉 작가나 강연가, 전문 강사 등을 포함한 폭넓은 의미로 사용할 것이다. 그럼, 콘텐츠 크리에이터의 개념을 제대로 이해하기 위해 먼저 콘텐츠(contents)란 무엇이며, 좋은 콘텐츠와 나쁜 콘텐츠는 어떤 특징이 있는지 그 차이점을 살펴보자.

✎ 콘텐츠란 무엇인가?

콘텐츠란 개념은 제대로 정의하기가 쉽지 않다. 콘텐츠에 대해 합의된 정의를 찾는 것도 어렵고, 영역이 너무 넓다 보니 보편적인 정의를 내릴 수도 없다. 사전에는 콘텐츠를 '서적이나 논문 등의 내용이나 목차'라고 정의하고 있는데, 최근에는 좀 더 확장하여 '디지털화된 정보'를 통칭하고 있다.[1]

문화산업진흥기본법 제2조 3항에 따르면 콘텐츠는 '부호, 문자, 도형, 색채, 음성, 음향, 이미지 및 영상 등의 자료 또는 정보를 말한다'고 정의되어 있다. 블로거, 팟캐스터, 유튜버를 콘텐츠 크리에이터라고 부르는 이유가 여기에 있다. 하지만 디지털화된 정보에만 한정하는 것은 문제가 있다. 가령, 책의 내용은 콘텐츠가 아닌가? 강의 대본은 콘텐츠가 아닌가? 하는 문제처럼 말이다. 이에 대해 해외에서는 팸플릿, 브로슈어 등과 같은 아날로그적인 지면을 기획하고 디자인하고 제작하는 사람들도 콘텐츠 크리에이터라고 부르고 있다.

이처럼 콘텐츠라는 단어를 완벽히 정의할 수는 없지만, 일상에서 많이 사용하는 콘텐츠의 특징이 무엇인지 생각해 보면 콘텐츠를 이해하는데 도움이 될 것이다. 오늘, 당신이 소비했던 수많은 콘텐츠는 다음 중 하나일 것이다.

'재미있거나, 정보성이 있거나, 감동적인 내용'

한 가지 더 추가한다면,

'당신의 문제를 해결해줄 수 있는 내용'

　다시 말해 당신이 시간과 돈을 투자해서 볼만한 내용, 즉 '상품가치가 있는 내용물'이 바로 콘텐츠다. 그럼 좋은 콘텐츠란 무엇일까? 콘텐츠라고 해서 모두가 좋은 건 아니다. 좋은 콘텐츠가 있고 부적절한 콘텐츠가 있으며, 이때 좋은 콘텐츠인지 아닌지는 전적으로 소비자의 판단과 평가에 달려있다. 따라서 콘텐츠 크리에이터는 소비자가 원하는 정성이 담긴 콘텐츠를 만들어야 좋은 평가를 받게 된다. 정답은 없지만, 내가 생각하는 좋은 콘텐츠의 조건은 다음과 같다.

🖊 좋은 콘텐츠의 3가지 조건

첫째, 내용물에 상품가치가 있어야 한다. 재미있거나 정보성이 있거나 감동적이거나 유익하거나 의미가 있거나 삶에 도움이 되는 콘텐츠여야 한다. 상대의 문제를 해결할 수 있는 솔루션이 담긴 콘텐츠라면 소비자에게 높은 평가를 얻는다. 그 문제가 해결하기 어려우면 어려울수록, 그 문제를 해결할 수 있는 솔루션이 담긴 콘텐츠는 더 귀하고 중요하게 평가된다(예 : 고급 의학정보가 담긴 콘텐츠, 취업이 어려운 시대에서의 취업 관련 콘텐츠 등).

둘째, 소비자를 위한 기획이 되어 있는 상품이어야 한다. 자기만족이 아니라 소비자를 생각하며 만들어야 한다. 소비자 중심에서 듣고싶은 말이 무엇인지, 필요한 것이 무엇인지 생각하며 창작을 해야 한다. 베스트셀러 콘텐츠는 내가 만드는 것이 아니라 소비자가 만들어주는 것이다.

셋째, 소비자의 공감을 이끌어내야 한다. 누구나 고개를 끄덕일 수있고 공통의 감정을 느낄 수 있는 포인트가 있어야 한다. 이때 공감을 이끌어 내기 위해서는 소비자의 눈높이에 맞춰야 한다. 소비자를 이해하고 분석하며 공감하려는 노력은 좋은 콘텐츠를 만드는 첫걸음이다.

🖋 ⟿ 부적절한 콘텐츠와 윤리적 자세

이와 반대로 부적절한 콘텐츠도 있다. 콘텐츠 크리에이터는 부적절한 콘텐츠를 만들지 않기 위해 스스로 노력해야 한다. 부적절한 콘텐츠는 무엇이며 왜 만드는 것일까? 그리고 우리는 어떤 자세를 가져야 할까?

먼저, 기획 없이 무분별하게 만들지 말아야 한다. 즉흥적으로 떠오른 생각이 콘텐츠라고 생각하는 사람들이 많은데, 그건 콘텐츠를 너무 쉽고 단순하게 생각하는 것이다. 콘텐츠는 철저히 기획된 내용물이어야 한다.

또한 자극적이고 선정적인 내용물, 누군가에게 해를 끼치는 폭력물이나 음란물은 절대 만들지 말아야 한다. 특히 최근에는 인터넷을 통해 선정적·폭력적인 영상뿐 아니라 검증되지 않는 불법정보가 빈번하게 유통되면서 사회적으로 큰 문제가 되고 있다. 이런 내용물은 단지 돈을 벌기 위한 목적으로 만들었을 확률이 높다.[2] 이는 우리 사회에서 반드시 근절되어야 할 콘텐츠다. 독일의 철학자 아르투르 쇼펜하우어는 독설가로 유명한데,《쇼펜하우어 문장론》의 〈쓰레기 작품과 평론〉에서 다음과 같은 말을 했다.

"현재 비양심적인 삼류 문필가가 시중에 넘쳐나고 있으며, 아무짝에도 쓸모없는 거리의 악사들이 더욱 범람하여 지나가는 사람들에게 악취를 풍기고 있다. 앞장서서 이들을 사회에서 퇴출시켜야 한다. (중략) 무능한 저술가들이 졸작을 함부로 발표하고, 머리가 텅 빈 패거리들이 자신의 빈 지갑을 채우기 위해 마구 휘갈겨 쓰고, 그 결과 출간되는 도서 중 무려 90퍼센트 이상이 쓰레기로 전락하는 상황이다. (중략) 조잡한 문학은 단순히 쓸모가 없을 뿐 아니라 사회에 크나큰 해악을 끼친다."

지금은 크리에이터의 시대이다. 언론사나 미디어가 아니더라도 1인미디어를 통해 개인도 많은 영향력을 발휘할 수 있다. 권력의 이동인 것이다. 하지만 이로 인해 낮은 품질의 콘텐츠가 돌아다니기도 한다. 전문가가 아니기에 책임감이 낮고, 증명되지 않은 콘텐츠들도 많아졌다. 또 본인의 채널 색과 맞지 않더라도 이슈가 되고 있는 것들을 쫓아가듯 올리기도 한다. 물론 트렌드, 유행, 시의성을 쫓아가는 것은 맞다. 하지만 단지 돈을 벌기 위해 관심을 끄는 주제를 선정한 후 실질적으로 별 내용이 없는 콘텐츠들을 만들다 보면 소비자 입장에서는 시간이 아까워지기 마련이다. 마치 쇼펜하우어가 비판했던 것과 같은 현상이 오늘날 또 벌어지고 있는 것이다.

결과적으로 이러한 문제를 해결하기 위해 콘텐츠 크리에이터는 콘텐츠 윤리의 중요성을 스스로 인지하고, 좋은 콘텐츠를 만들기 위해 노력해야 한다. 또 플랫폼에서도 부적절한 콘텐츠를 차단하기 위해 적극적으로 힘써야 한다. 지식과 정보가 넘쳐나는 시대, 소비자는 점점 똑똑해지고 있다. 이러한 상황에서 자극적이고 선정적인 콘텐츠를 만들어 소비자를 현혹하는 비윤리적인 행위는 삼가야 한다. 소비자에게 가치 있는 내용물, 좋은 콘텐츠를 만들어 세상에 선한 영향력을 끼치는 콘텐츠 크리에이터가 되기 위해 노력하자.

03

유튜브 크리에이터 =
콘텐츠 크리에이터?

오늘날의 콘텐츠 크리에이터

과거에는 콘텐츠라고 하면 당연히 '텍스트'를 떠올렸다. 불과 몇 년 전만 해도 콘텐츠 크리에이터에 대한 질문이 올라왔다면 콘텐츠 크리에이터는 '블로거'라는 답변이 올라왔을 것이다. 콘텐츠 크리에이터가 되기 위해서는 블로그를 시작해야 하고, 유명 콘텐츠 크리에이터는 '파워블로거'들의 이름이 있었을 것이다. 그러나 이제 사람들은 콘텐츠라고 하면 글과 음성이 아닌 영상, 즉 유튜브 콘텐츠를 먼저 떠올린다. 대세이기 때문이다.

그동안 콘텐츠 크리에이터가 명확하게 인식되지 않았던 이유는 콘텐츠에 대한 개념이 제대로 정립되지 않았고, 기존에 사용해 왔던 단어들과 혼용되어 헛갈렸기 때문이다. 콘텐츠의 형태는 다양하다. 영상(유튜브, 네이버TV, 카카오TV, 아프리카TV, 틱톡 등), 오디오(팟캐스트, 네이버 오디오클립, 음반 등), 텍스트(네이버 블로그, 다음 블로그, 브런치 등), SNS(페이스북, 인스타그램, X 등), 그 외에도 우리가 눈여겨 볼만한 책, 강의, 강연 등이 있다. 그리고 콘텐츠에 대한 명확한 개념과 방향을 이해하고 있다면, 자신의 성향과 소신에 맞는 콘텐츠 플랫폼을 선택할 수 있게 된다.

그렇게 되면 단순히 대세에 따라 하는 것이 아니라, 자신에게 딱 맞는 콘텐츠를 만드는 크리에이터로서 활동할 수 있게 된다. 이는 미래 세대를 이끌어 갈 청소년들에게는 특히 중요한 문제이다. 앞으로의 진로를 유튜브 크리에이터에만 국한할 것이 아니라 한층 더 넓고 다양한 범위의 콘텐츠 크리에이터로서의 방향을 열어줘야 한다. 각각의 사람에게 맞는 최적의 콘텐츠 형태와 플랫폼이 있을 것이기 때문이다. 예를 들어 목소리가 좋으면 오디오 특화 형태의 콘텐츠와 플랫폼을 선정한다. 팟캐스트가 될 수도, 네이버 오디오클립이 될 수도 있다. 아니면 유튜브에서 목소리를 강조할 수도 있다. 글을 잘 쓰는 사람이라면 브런치 작가에 도전하여 위클리 매거진에 도전할 수 있다. 그러면 브런치북이라 하여 책을 낼 수 있는 기회도 생긴다. 춤을 잘 추면 짧고 강렬한 영상인 틱톡을 할 수도 있다. 잘된다면 오디션의 기회가 생길 수도 있다. 이렇게 각자의 개성에 맞는 콘텐츠 제작 능력을 잘 활용하면 새로운 기회들을 모색할 수 있다.

그럼, 여기서 콘텐츠 크리에이터와 유사한 개념인 '1인미디어 크리에이터, 콘텐츠 마케터, 프리랜서, 1인기업가'가 무엇이며, 어떤 공통점과 차이점이 있는지 확인해 보자.

✏️ 1인미디어 크리에이터

대부분의 사람들은 콘텐츠 크리에이터라고 하면 1인미디어 크리에이터를 떠올린다. 즉, 유튜브 크리에이터를 콘텐츠 크리에이터라고 보는 것이다. 이와 관련해 유튜브 크리에이터 대도서관은 한 인터뷰에서 자신의 직업을 '콘텐츠 크리에이터'라고 언급하기도 했다. 또 《트렌드코리아 2016》에서는 콘텐츠 크리에이터를 다음과 같이 정의하기도 했다.

> "콘텐츠 크리에이터란 스스로 콘텐츠를 기획, 촬영, 제작하여 아프리카TV, 유튜브 등의 플랫폼을 통해 방송 활동을 하며 시청자들과 공유하는 사람들을 가리킨다." 《트렌드코리아 2016》, 김난도 외, 미래의 창)

물론 1인미디어 크리에이터는 1인미디어를 활용해 콘텐츠를 제작하는 일을 하고 있어 콘텐츠 크리에이터와 혼용해 사용할 수 있다. 하지만 1인미디어 크리에이터만을 콘텐츠 크리에이터로 보기에는 범위가 다소 국한되었다고 생각한다. 앞서 말했듯 콘텐츠 크리에이터는 영상뿐만 아니라 책, 칼럼, 강의, 강연 등 다양한 방식으로 콘텐츠를 기획하고 제작하고 전달할 수 있기 때문이다.

✎ 콘텐츠 마케터

'콘텐츠 마케팅'이란 타깃 고객과 연관성이 높은 콘텐츠를 제작하여 광고를 볼만한 성별, 연령대, 지역, 관심사 등을 가진 잠재고객들에게 이 콘텐츠를 지속적으로 노출시키는 마케팅 방법이다. 그리고 이렇게 소비자를 설득하는 콘텐츠를 만드는 사람이 바로 '콘텐츠 마케터'이다.

콘텐츠 마케터도 콘텐츠를 만든다는 측면에서 콘텐츠 크리에이터라고 볼 수 있으며, 단지 개인적인 콘텐츠가 아니라 회사의 콘텐츠를 만든다는 차이가 있다. 즉, 콘텐츠 마케터가 만드는 콘텐츠는 그 회사의 매출과 직결되다 보니 상업적인 목적을 가지고 있다. 콘텐츠를 잘 만들어 상품에 대한 인지도, 호감도, 매출을 올려야 하는 목표가 있다. 또 마케팅뿐만 아니라 브랜드에 대한 좋은 이미지를 구축하여 더 많은 사람들에게 알려야 하는 목표가 있다. 그렇기에 단순히 "여러분, 소비하세요!"라고만 외치는 콘텐츠는 오히려 고객들에게 비호감을 살 수 있다.

분류	공통점	목적	방향성
콘텐츠 크리에이터	콘텐츠를 만드는 사람	창작	지속과 수익에 대한 고민
콘텐츠 마케터		상업	소비자 만족에 대한 고민

진보한 콘텐츠는 박수를 받지만,
진부한 콘텐츠는 외면을 당한다.

이 점은 콘텐츠 크리에이터에게도, 콘텐츠 마케터에게도 마찬가지다. 하지만 콘텐츠 마케터에게 가장 중요한 것은 콘텐츠를 제작할 때, 상업적 목적을 담으면서도 소비자를 만족시키는 콘텐츠를 만드는 것이다.

프리랜서 & 1인기업가

콘텐츠 크리에이터와 유사한 또 다른 개념으로 프리랜서와 1인기업가가 있다.

프리랜서라는 말은 과거 중세시대에 만들어졌다. 당시에는 영주와 병사들이 주종관계를 맺고 전투에 참여하는데 이러한 대부분의 병사와 달리, 프리랜서들은 그 어떤 영주에게도 소속되지 않고 자유롭게 계약한다. 자유롭다는 의미의 Free와 창을 가지고 전투하는 창병이라는 의미의 Lancer가 합쳐져 프리랜서라는 말이 생겼다.

그리고 지금은 회사에 소속되지 않고, 여기저기 자유롭게 옮겨 다니며 일하는 개인을 프리랜서라고 한다. 전문성과 실력이 없는 사람은 애초에 프리랜서로 써주지 않기에, 그들은 항상 개인의 역량을 갈고 닦는다.

반면 1인기업가는 이곳저곳에서 외주를 받아 일하는 프리랜서들이 나아가야 할 방향이다. 즉, 개인 프리랜서를 넘어 사업자등록을 하여 본격적으로 사업체의 대표가 되는 것이다. 다른 프리랜서 및 기업들과 협업을 하기도 한다. 개인에서 시작하여 2~3인 규모의 가족

기업이 되기도 한다. 또는 스승과 제자의 도제관계의 기업이 되기도 한다. 주로 아이디어나 전문성, 기술이 있기에 편의점이나 슈퍼마켓 같은 자영업자와는 구분을 한다.

1인기업가는 소프트웨어 개발, 홈페이지 제작, 디자인 등 IT 서비스를 기획하여 만들고, 웹툰·영상 등 문화콘텐츠를 만들기도 한다. 또 책을 쓰고, 강의하고, 강연하는 교육기업들도 많다. 그 외에 전통식품이나 공예품 등 창의적인 아이디어를 가지고 도전하는 1인기업도 최근에 많아지고 있다.

그렇다면 프리랜서와 1인기업가는 어떤 차이가 있을까? 아주 간단히 설명하자면, 프리랜서는 기업에서 주는 일을 받아서 하고, 1인기업가는 스스로 일거리를 만들어서 일을 한다.

이때 콘텐츠 크리에이터가 프리랜서와 1인기업가의 개념과 혼동되는 이유는, 콘텐츠 크리에이터는 프리랜서로서도 일할 수 있고, 나아가 사업자등록을 통해 1인기업가로도 일할 수 있기 때문이다.

콘텐츠 크리에이터의 본질은 창작이다. 콘텐츠 크리에이터는 보통 '좋아하는 것을 재미있게 해보자! 그러다 잘되면 좋아하는 것이 나의 일이 될 수도 있겠지!'라며 비영리 목적으로 시작하게 된다. 그러다 어느 정도 시간이 지나 전문성이 생기고 일이 잘되면 수익이 발생한다. 그때 비로소 영리활동이 시작된다. 좋아하는 일로 시작해 돈까지 벌면 '콘업일치', 즉 콘텐츠와 업이 일치가 되는 선순환구조가 생긴다.

반면, 프리랜서나 1인기업가는 시작하는 목적이 창작보다는 사업이다. 처음부터 영리 목적으로 시작을 한다. 좋아하는 일보다는 아무

생각정리기획력

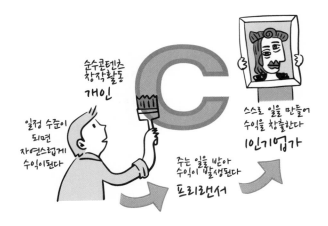

래도 돈이 되는 일을 찾다 보니 사업 아이템을 잘 선정해야 한다. 생존의 영역이기 때문에 좋아하는 일보다 잘하는 일을 선택한다는 점에서 차이가 있다.

이처럼 콘텐츠 크리에이터의 경우, 취미로 시작하는 목적이라면 못해도 크게 타격이 없다. '즐거우면 그만이다'라는 생각으로 편하게 접근할 수 있다. 하지만 프리랜서나 1인기업가는 실력으로 냉정하게 평가를 받다 보니 일을 못하면 끝장이다.

🖊 ⟶ 콘텐츠 크리에이터의 장점은 퇴사를 하지 않아도 된다!

보통 프리랜서나 1인기업가는 직장에서 퇴사를 하고 시작하는 경우가 많다. 물론 직장에 다니며 프리랜서를 겸업으로 하는 사람도 있지만, 회사에서 권장하는 분위기는 아니다. 개인의 입장에서는 프리랜서의 일이 개인적인 커리어와 영리활동에 도움이 되겠지만, 회사의 입장에서는 업무 집중도 면에서 마이너스 요인이 되기도 한다. 그런 측면에서 회사는 근로계약서를 작성할 때 겸업금지조항을 넣기도 한다.

반면 콘텐츠 크리에이터의 경우는 비교적 취미생활로 할 수 있는 영역이다 보니 회사 눈치를 덜 보면서 자유롭게 할 수 있다. 또 요즘은 워라밸을 권장하는 분위기라 콘텐츠 크리에이터 활동을 하나의 취미활동으로 인정받을 수도 있다. 게다가 크리에이터로서 능력이 있으면 회사에 기여할 수 있는 부분이 많다. 예를 들어 크리에이터로 활동을 하면서 블로그나 유튜브로 회사를 홍보할 수도 있다. 실제로 기업에서는 신입사원을 뽑을 때 직무에 따라서 콘텐츠를 만들어 낼 수 있는 능력이 있는지를 보기도 한다. 이를테면 유튜브 영상을 제작할 수 있다든지, 아니면 블로그를 운영할 수 있다든지 하는 능력이 하나의 스펙이 될 수도 있다.

분류	설명	헷갈리는 이유
콘텐츠 크리에이터	콘텐츠 창작활동을 하는 과정에서 자연스럽게 수입이 생긴다.	콘텐츠 크리에이터의 본래 목적은 창작이지만 수익이 발생하면 프리랜서 또는 1인기업가로 전업할 수 있다.
프리랜서	주는 일을 받아서 수익을 만든다.	
1인기업가	스스로 일을 만들어서 수익을 만든다.	

04

잘 만든 콘텐츠 하나로
열 가지 일을 할 수 있다

콘텐츠 크리에이터의 확장

글쓰기, 말하기, SNS를 통해 자신의 콘텐츠를 만들어 전달하는 모든 이들은 콘텐츠 크리에이터라 불릴 자격이 있다. 자신만의 콘텐츠로 강의하는 강사, 책으로 풀어내는 작가, 영상으로 콘텐츠를 제공하는 유튜버 역시 콘텐츠 크리에이터다. 디자이너도, 웹툰 작가도 콘텐츠 크리에이터라고 할 수 있다. 더 나아가 SNS(블로그, 페이스북, 인스타그램, 카카오스토리 등)에 가치 있는 정보를 생산하는 사람들 역시 콘텐츠 크리에이터라고 할 수 있다. 이처럼 확장된 개념으로 생각을 하면 콘텐츠 크리에이터의 모습이 분명히 보인다.

콘텐츠 크리에이터의 특징

우리 주변에는 이름만 들어도 알 수 있는 콘텐츠 크리에이터가 많다. 이들은 관심 있고 잘하는 분야를 선택해 자신이 직접 콘텐츠를 기획하고 브랜드 가치를 창출한다. 콘텐츠가 곧 자신이고, 자신이 곧 콘텐츠 브랜드다.

이들의 특징은 하나의 콘텐츠를 여러 가지 형태로 표현한다는 것이다. 자신만의 콘텐츠로 책을 쓰고, 개인 SNS에 정보를 공유하고, 강연과 강의를 하고, 영상을 제작하고, 유튜브 방송을 한다. 한 예로 김미경 강사만 보더라도 이미 수십 권의 책이 있고, 기업에서 강의를 하며, 대중 강연을 한다. 방송과 라디오에 출연하고, 유튜브 채널 〈MKTV 김미경TV〉를 만들어 방송을 한다. 한 사람이 다양한 일을 하고 있는 것처럼 보이지만, 실제로는 하나의 콘텐츠를 여러 가지 형태로 표현하고 있는 것이다.

이처럼 콘텐츠 크리에이터는 한 가지 표현방식에 국한되지 않고 다방면을 넘나들며 활동하는 것이 특징이다. 처음에는 자신에게 맞는 콘텐츠로 시작하여 점차 활동영역을 넓혀갈 수 있다. 책을 쓰며 강연을 하고, 유튜브를 하고, 방송에 출연해 자신만의 콘텐츠를 전한다. 콘텐츠 크리에이터는 이렇게 새로운 일에 도전하고, 창의적으로 시도하고 싶은 본능을 가지고 있다. 이때 그들이 다양한 활동을 하기 위해서는 다음과 같은 조건이 필요하다.

콘텐츠 크리에이터의 3가지 조건

첫째, 자신만의 관점과 생각이 담긴 콘텐츠가 있어야 한다. 이를 위해 자기 자신과 콘텐츠를 브랜딩하는 기획력이 필요하다. 나만의 콘텐츠를 만들고 싶다면 다른 사람들의 콘텐츠를 짜깁기하는 형태가 아닌, 나에게 맞는 콘텐츠를 기획하는 과정을 알아야 한다. 나만의 콘텐츠 발견하기, 기획서 작성하기, 계획 세우기, 내용 작성하기, 제안서 만들기, 그리고 실행까지 옮길 수 있어야 한다.

둘째, 자신의 강점을 살릴 수 있는 콘텐츠 형태를 찾는 게 중요하다. 크리에이터의 활동영역은 1인미디어, SNS, 말하기, 글쓰기, 디자인, 웹툰 그리기 등 다양하다. 따라서 콘텐츠를 기획하는 과정에서 나에게 가장 잘 어울리는 플랫폼이 무엇일까 고민해야 한다. 예를 들어 목소리가 좋은 편이라면 오디오북 콘텐츠 제작자로 시작하면 좋다. 글을 잘 쓰는 편이라면 주제를 선정해서 블로그에 글을 올리는 것부터 가볍게 시작해 보자. 그리고 그 내용을 모아 책을 써보는 것이다. 글쓰기와 말하기를 모두 잘하는 사람들은 책도 쓰고 강연도

콘텐츠 크리에이터의 활동영역	
종류	내용
1인미디어	유튜브, 아프리카TV, 네이버TV, 팟캐스트, 네이버 오디오클립, 틱톡 등
SNS	네이버 블로그, 네이버 카페, 네이버 밴드, 페이스북 페이지, 인스타그램 등
말하기	강의, 강연, 스피치 등
글쓰기	저술, 칼럼, 잡지 기고 등
etc	디자인, 웹툰, 웹드라마, 독립영화, 상품 제작 등

콘텐츠 크리에이터의 3가지 조건

자신만의 관점과
생각이 담긴

백혈병을
이겨내고
가수로 데뷔
서른살
다시 꿈을
노래하다

자신의 강점을 살린
콘텐츠 형태

러시아
통역사
경험살린
팟캐스트

익숙한 영역과
미지의 영역 선택

여행과
책을
좋아해
취미로운
생활
운영

할 수 있다.

셋째, 콘텐츠 크리에이터 세계에는 익숙한 영역과 미지의 영역이 있다. 미지의 영역에 가고 싶다면 용기를 내 도전해야 한다. 예를 들어 유튜버로서 영상을 촬영하는 것은 즐거운 일이지만, 기획하고 편집하는 일은 어려울 수 있다. 유튜브 크리에이터가 되기 위해서는 익숙한 영역인 촬영하는 일과 미지의 영역인 기획하고 편집하는 일을 모두 잘해야 한다. 책 쓰기도 마찬가지다. 책 쓰기는 글쓰기와 다르다. 한 권의 책은 최소 200페이지 이상의 글로 완성이 된다. 컨셉을 구상하고, 목차를 설계하고, 장기간에 걸쳐 글을 써야 한다. 한 편의 글을 쓰는 것과는 성격이 다른 일이다. 글은 잘 쓰는 데 책 쓰기가 어렵다는 분들은 대부분 책 쓰기 프로세스를 알지 못하는 경우다. 콘텐츠 크리에이터가 되기 위해서는 미지의 영역인 책 쓰기 프로세스를 알아야 하는 것이다.

콘텐츠 크리에이터는 좋은 콘텐츠를 만들기 위해서 모르는 부분을 열심히 배우고 채워나가야 한다. 이렇게 우리는 프로 학습러가 되어

생각정리기획력

배움을 통해 실력을 키워나갈 수 있다.

🖊 실력과 전문성, 콘텐츠로 인정받는 시대가 왔다

나는 대한민국 교육시장에서 최연소 강사로 강의를 시작했다. 국내 교육시장에서 나이가 어리다는 것은 어찌 보면, 참 큰 장애물이었다. 나이는 곧 연륜이라고 여기고, 나이가 곧 콘텐츠의 깊이라고 여기는 사람들이 많기 때문이다. 교육시간이 되어 강의를 시작할 때 처음에는 팔짱을 끼고 쳐다보는 사람들도 많았다. 하지만 교육이 끝나고 나서는 강의가 좋았다고 칭찬해 주며 호감을 갖고 인사를 해주시는 분들, 명함을 받아 가며 다른 사람들에게도 이 교육을 소개해 주고 싶다고 말씀해 주시는 분들이 늘어났다. 이처럼 경계가 신뢰로 바뀔 때 나의 노력과 가치와 전문성을 인정받고, 그동안의 시간들이 무의미하지 않았음을 느끼며 그 순간마다 위로를 받았다.

어떤 분은 이런 나에게 '전문가 패러다임'의 파괴자라고 말했다. 과거에는 대학 → 대학원 → 유학으로 오랫동안 공부한 사람들이 분야의 전문가로 인정을 받았다. 하지만 지금은 예전에는 상상도 할 수 없었던 변화가 일어나고 있다. 학력보다는 실력, 나이보다는 전문성, 잘 만든 콘텐츠 하나로 인정을 받을 수 있는 세상이 된 것이다.

《에디톨로지》의 저자 김정운 교수는 "이제는 학술지에 실렸다고 해서 자동적으로 지식으로 인정받는 세상이 아니다"라고 말한다. 그의 말을 귀담아 들어보자.

문제는 아직도 많은 대학교수들이 자신들만이 지식 편집의 유일한 주체라고 착각하고 있다는 사실이다. 대학에서 비싼 등록금을 내고 전달되던 지식이 인터넷의 지식 검색을 통해 아주 쉽게 얻어진다. 교과서로 전달되는 지식보다 훨씬 앞선 최신 지식도 얼마든지 구할 수 있다. (중략) 지식의 전달방식도 바뀌었다. 이제까지 텍스트로 문서화된 것이 지식의 유일한 존재방식이었다. 그러나 이젠 다르다. 다양한 매체를 이용해 현상을 있는 그대로 재현하고, 공유할 수 있게 되었다. 유튜브의 각종 UCC를 검색해 보면 웬만한 학술자료는 다 찾아낼 수 있다. 제한된 지식 권력 수단이었던 사진, 동영상 기기들을 초등학생도 들고 다니는 세상이 됐다. (중략) 이 엄청난 변화의 과정에선 지식 편집의 주체만 살아남는다.

김정운,《에디톨로지》중에서

이제는 과거와 같이 정보 자체를 아는 것이 힘인 세상이 아니다. 미디어와 인터넷의 발달로 인해 누구든지 정보와 지식을 쉽고 빠르게 찾을 수 있다. 그렇다면 무엇이 중요한가? 구슬이 서 말이어도 꿰어야 보배라는 말처럼, 그 지식을 모아 새로운 콘텐츠로 만들 수 있어야 한다. 지금은 그 어느 때보다도 지식의 편집 주체가 되어야 인정받을 수 있다. 콘텐츠 기획자, 즉 '콘텐츠 크리에이터'의 시대가 열린 것이다.

05

삶을 재료로
콘텐츠를 만든 사람들

✏️ **우리 주변의 콘텐츠 크리에이터**

생각정리클래스에서 열리는 〈생각정리기획력〉 과정은 자신만의 콘텐츠를 발견하고 기획해 콘텐츠 크리에이터로 활동할 수 있게 도와주는 과정이다. 나는 과정에 참여했던 학습자들의 사연을 들으며 사람들의 삶이 참 특별하다는 것을 느꼈다. 그들의 인생 스토리 하나하나에 어느 것 하나 귀하지 않은 것이 없었다.

콘텐츠는 전문적인 지식과 정보가 있어야 만들 수 있다고 생각하지만 실제로는 그렇지 않다. 관련 자격증이 없고 전문가가 아니어도 일상과 경험을 통해 얼마든지 나만의 콘텐츠를 발견하고 기획할 수 있다. 세상에 하나뿐인 콘텐츠를 만들고 싶다면 가장 먼저 자신의 내면을 들여다 봐야 한다. 잘하는 일뿐만 아니라 상처와 아픔까지도 콘텐츠로 기획될 수 있기 때문이다.

〈생각정리기획력〉과정을 수료한 학습자들의 사례를 살펴보면 당신의 콘텐츠를 발견하는 데 도움이 될 것이다. 이 꼭지를 위해 소중한 시간을 내어 인터뷰에 참여해 준 학습자 분들에게 감사드린다.

1. 아픔	2. 취미	3. 특기
4. 강점	나만의 콘텐츠를 발견하는 방법	5. 상처
6. 성장과정	7. 가치(연애)	8. 자아실현

1) 아픔을 콘텐츠로 만든 K

19살, 한창 열심히 살던 예술고등학교 연극영화과 고3 시절, K는 예기치 않게 백혈병에 걸리게 된다. 매 순간 죽음의 고비를 넘겨야 했던 병원생활을 힘들게 힘들게 마쳤다. 하지만 완쾌된 줄 알았던 병은 꾸준히 삶을 괴롭혔다. 포기하고 싶었지만 악착같이 이겨냈다. 새로운 삶의 시작인 조혈모세포 이식 후 11년, 서른 살이 된 K는 매일 꿈을 쓰고 이루어 나가는 '꿈 쓰는 피터펜'(펜으로 꿈을 쓴다는 의미로 피터펜으로 작명함)이라는 닉네임으로 콘텐츠 크리에이터 활동을 시작했다. 아픔을 이겨낸 과정을 〈피터펜의 꿈〉이라는 음원 콘텐츠로 만들

어 가수로 데뷔했다. 또 《서른 살, 다시 꿈을 노래하다》라는 제목의
에세이를 출간해 작가가 되었다.

　이처럼 고통을 겪고 이겨낸 삶의 스토리는 누군가에게 희망이 되
고 위로가 되는 콘텐츠가 될 수 있다. 혹시 당신도 고통이 있는가? 그
견뎌낸 시간을 글과 노랫말로 만들어보자. 세상에 감동을 줄 수 있을
것이다. 잠시 이어폰을 귀에 꽂고, 그가 직접 쓴 가사와 함께 〈피터펜
의 꿈〉을 들어보자.

2) 취미로 콘텐츠를 만든 P

좋아하는 일을 콘텐츠로 만들 수 있다면 얼마나 좋을까? '경험수집
가'라는 독특한 닉네임을 가지고 있는 P는 좋아하는 일을 콘텐츠로
만드는 데 성공했다. 경험수집가인 P에게 세상의 모든 일은 콘텐츠
다. 세상을 다 보고 싶다며 자신의 호를 '다봄'이라고 지은 P는 여행,
독서, 영문법 등 팟캐스트를 3개나 운영하고 있다.

3) 특기를 콘텐츠로 만든 L

만일 당신에게 특기가 있다면 콘텐츠를 만드는데 강한 무기가 된다.
L은 17년 동안 쌓아온 음악적 재능을 살려 활동하고 있다. L은 '클래
식'과 '음악 교육' 관련 내용을 누구나 알기 쉽게 풀어서 콘텐츠로 만
드는 일을 한다.

4) 강점을 콘텐츠로 만든 S

자신의 강점을 살려 콘텐츠를 만들 수도 있다. S는 어린 시절부터 언

어에 관심이 많았다. 친구들과 대화를 할 때 자신감도 넘치고 말을 잘한다고 생각했다. 그런데 평소 대화를 할 때는 문제가 없었지만 공식적인 자리에서 발표를 하려고 하면 말문이 막혔다. "왜 그럴까?" 그때부터 언어에 관심을 가지고 관련 공부를 시작했다. 말을 잘할 수 있는 책을 찾아보고, 말 잘하는 사람을 분석했다. 발성법, 표현법, 목소리 훈련 등을 공부하며 실력을 키웠다. 자연스럽게 MC, 리포터, 사회자 등으로 활동하게 되었다. 또 목소리와 언어적인 강점을 살려 영상콘텐츠 기획자가 되었다. Video Scribe, Final Cut Pro 등 다양한 영상편집 툴을 잘 다루는 S는 이제 스피치 강사에서 더 나아가 다른 사람들의 퍼스널 브랜드를 빛나게 해주는 콘텐츠를 제작 중이다.

당신의 특기와 강점은 무엇인가? 특기는 남이 가지지 못한 특별한 기술이나 기능이다. 강점은 남보다 우세하거나 더 뛰어난 점이다. 예컨대 특기는 피아노 연주, 태권도 발차기, 노래 부르기 등이며, 강점은 경청하기, 성실함, 말하기 등이다. 특기와 강점을 살려 콘텐츠 크리에이터가 된다면 자신의 매력을 더욱 어필할 수 있을 것이다.

5) 상처를 콘텐츠로 만든 J

J는 현재 그림책을 통한 소통·치유라는 주제를 가지고 그림책 테라피스트로 활동하고 있다. 수많은 책 중 그림책을 선택한 이유는 무엇일까? J에게 물었다.

"그림에는 마음을 치유하는 힘이 있다는 걸 발견했기 때문이죠. 같은 그림이라도 관점에 따라 해석이 달라져요. 그림을 보면 과거의 기억이 떠오르기도 하고 현재 심리가 어떤지 발견하기도 해요. 자기성

찰을 하기도 한답니다. 그 느낌과 생각을 가족과 함께 나누면 소통이 이뤄져요. 그림책 하나로 소통할 수 있는 가족 문화가 만들어지니 기적과 같아요!"

그림책은 아이가 부모와 소통할 수 있는 가장 빠른 매개체이다. 아이들은 부모에게 "그림책 읽어주세요"라고 먼저 말한다. 이때 부모는 그림에 대해 함께 생각하고 말하는 시간을 통해 아이의 현재 마음과 상태를 점검할 수 있게 된다.

어린 시절 가부장적인 아버지의 소통방식으로 인해 상처를 많이 받았던 J에게 만일 어린 시절 부모님이 그림책을 보며 자신의 마음을 물어봐 줬더라면 하는 아쉬움이 그림책 테라피스트로서의 길을 걷게 했다고 한다.

J는 이처럼 자신의 상처를 용기 내어 마주하는 과정을 통해 그림책 테라피스트라는 새로운 콘텐츠를 만들어 엄마, 아이(유치원생), 가족을 대상으로 강의를 하고 있다.

6) 성장 경험을 콘텐츠로 만든 E

독특한 성장과정이 있다면 그 역시 매력적인 콘텐츠가 될 수 있다. E는 4살 때부터 부모님과 함께 러시아에서 살았다. 현지에서 유치원, 초중고, 대학까지 나왔다. 20년을 살고 한국에 돌아와 군복무를 마치고 무엇을 할까 고민 중, 이왕이면 자신이 가장 잘 아는 러시아와 관련된 활동을 하고 싶었다. 그래서 러시아 관련 콘텐츠를 준비하며, 팟캐스트를 플랫폼으로 선택했다. 어떻게 제작해야 하는지 소위 '1도 모르는' 상태에서 배우면서 시작한 팟캐스트가 4년 동안 150회 이상 진행되며, 콘텐츠 크리에이터로 인정받고 있다.

그의 독특한 성장 경험은 그가 콘텐츠 크리에이터로 다양하게 활동할 수 있는 자양분이 되었다. 당신만의 독특한 어린 시절 경험이 있는가? 인생그래프를 작성해 보며 어린 시절의 경험을 돌아보자.

7) 가치를 콘텐츠로 만든 Y

Y는 〈생각정리기획력〉 수업을 들으며 콘텐츠에 대해 고민을 시작했다. 아무리 생각해도 인생에서 딱히 남들보다 특별히 뛰어난 재능이 없다고 느꼈다. 하지만 인생에서 최선을 다했던 것이 한 가지 있었다는 걸 깨달았다. 바로 '연애'다.

Y는 '사랑'을 콘텐츠로 만들어 모두가 주체적으로 행복한 연애를 하는 세상을 꿈꾸며 끊임없이 연구 중이다. 한국강사신문에 연애 칼럼을 쓰고 있고, 연애에 대한 자신만의 철학을 가지고 대중 강연도 하고 있으며 1대1 컨설팅을 통해 주체적인 연애를 하도록 돕고 있다.

당신이 추구하는 가치는 무엇인가? 사랑, 용기, 꿈, 평화, 행복, 건강 등 눈에 보이지 않지만 행복한 삶을 살기 위해 '가치'는 정말 중요하다. 당신의 인생의 가치를 콘텐츠로 만든다면 삶을 더 사랑하게 될 것이다.

8) 자아실현을 위해 콘텐츠를 만든 M

유튜브 채널에서 취업과 진로에 대해 조언을 하고 있는 M은 대기업 공채에서 5,500명 중 1등으로 수석입사를 한 이력이 있다. 그러나 대기업 직장인에서 문득 나만의 업을 찾고 싶다며 퇴사 후 교육사업을 시작했다. 10번 이상의 퇴사와 이직 경험이 있는 M은 취업·진로·대입 등에 대한 교육을 하는 컨설턴트로 활동하며, 한국직업방송과 아리랑TV, SBS 모닝와이드 등 방송활동도 했다. 그런데 어느 날 M은 갑자기 콘텐츠를 한 번 더 비틀었다. 자기가 정말 하고 싶은 것은 라이프스타일 크리에이터라고 선포하며 말이다.

M은 취업진로컨설턴트로서 경제적인 활동을 유지하면서, 라이프스타일 평론가이자 크리에이터 활동도 병행하고 있다. 최근에는 가구회사, 카페, 건강식품회사, 음향기기회사 등에서 제품과 원고료, 영상제작비 등을 지원받았다. 취업진로 컨설팅을 하면서도 틈틈이 자기가 정말 하고 싶었던 상품 리뷰나 체험활동을 하고 추천 및 조언을 하는 큐레이터 역할을 하는 것이다. 또 M은 다재다능한 다능인답게 유튜브뿐만 아니라 브런치와 블로그 등에서도 왕성하게 활동 중이다.

지금까지 우리 주변의 평범한 사람들이 콘텐츠를 발견하고 만들어가는 과정과 노하우를 살펴봤다. 이들은 다른 사람의 콘텐츠가 아니라 자신만의 인생 경험을 살려 콘텐츠 크리에이터로 성공적으로 데뷔했다. 세상에 하나뿐인 콘텐츠를 만들고 싶다면 먼저 자신의 내면을 들여다 봐야 한다. 콘텐츠 크리에이터에게 실력은 자기 자신을 이해하고, 자신의 강점을 알고, 이를 바탕으로 자신의 생각을 영상이나 음성이나 텍스트 등의 콘텐츠로 표현해 사람들에게 긍정적인 평가를 얻을 수 있는 능력이다.

당신은 어떤 콘텐츠를 만들고 싶은가? 콘텐츠 크리에이터가 되고 싶은 목적이 무엇인가? 콘텐츠 기획을 하지 않더라도 '내가 좋아하는 일과 잘하는 일, 극복하고 싶은 혹은 극복하게 된 내면의 고통과 상처, 인생의 가치와 목적이 무엇인지 돌아보는 행위' 그 자체만으로도 가치가 있다.

콘텐츠를 기획하는 과정은 나 자신을 발견하는 여행과도 같다. 그 과정에서 최대수혜자는 바로 당신이다. 용기를 갖고 시작하자! 콘텐츠가 당신을 기다리고 있다.

생각정리기획력

06

매력을 어필할 수 있는
콘텐츠 찾기!

✏ 콘텐츠 크리에이터의 활동범위 이해하기

지금까지 콘텐츠 크리에이터가 하는 일과 활동영역에 대해 알아봤
다. 또 삶을 재료로 콘텐츠를 만든 사람들도 살펴봤다. 이제 콘텐츠
크리에이터가 활동하는 좀 더 세밀한 카테고리를 이해해 볼 필요가
있다.

세상에는 수많은 콘텐츠 카테고리가 존재한다. 그러다 보니 생각
보다 많은 영역에서 콘텐츠 크리에이터로 활동을 할 수 있다. 보통
콘텐츠 크리에이터를 시작할 때 뭘 해야 할지 막막해지는 이유는 어
디의 누구에게 콘텐츠를 전해야 할지 모르기 때문이다.

나 역시 처음부터 내가 하는 일에 대한 카테고리를 이해하고 시작
했던 것은 아니다. 오랜 기간 다양한 분야에서 활동을 하다 보니 카

테고리에 대한 지식이 자연스럽게 쌓이게 되었다. 지금은 누군가 나에게 어디서 어떤 일을 하고 있냐고 묻는다면 짧은 시간 내에 자신 있게 설명할 수 있다.

"저는 생각정리라는 주제로 강의를 하고 책을 쓰고 있습니다. 방송과 라디오에도 출연하고, 유튜브 채널도 운영하고 있습니다. 강의는 '생각정리를 통한 말하기와 글쓰기, 기획력, 커뮤니케이션 스킬 등'을 주제로 기업, 공공기관, 대학교 등에서 하고 있습니다. 책은 자기계발/실용분야에서 사고력, 스피치, 기획에 대해 써왔습니다."

콘텐츠 크리에이터를 시작하는 분들이라면 먼저 구체적으로 어디에서 활동을 할 것인지 생각해 볼 필요가 있다. 콘텐츠 형태에 따라 콘텐츠 기획과 제작방법이 달라지기 때문이다. 이왕이면 내가 잘하는 분야에서 먼저 시작하기를 추천한다. 그리고 자신의 강점을 살릴 수 있는 플랫폼을 선택해야 당신의 매력을 더 어필할 수 있다.

콘텐츠 활동영역 살펴보기

콘텐츠 활동영역이 워낙 넓고 다양하기 때문에 여기에 모든 콘텐츠 카테고리를 나열할 수는 없다. 하지만 여기서 영감을 얻게 된다면 하고 싶은 분야의 콘텐츠 카테고리를 관심 있게 찾아보게 될 것이다. 시장의 주제, 분야, 아이템 분포도를 미리 보고 접근해 보자. 자신의 강점을 살려 콘텐츠를 기획하는 데 도움이 될 것이다.

여기에 도서, 강연, 유튜브의 분류를 소개한다. 이를 보고 자신의 강점을 찾아보도록 하자.

1) 도서 시장의 주제, 분야, 아이템 분포도

주제	분야 및 아이템
자기계발	처세술/삶의 자세, 성공학/경력관리, 기획/정보/시간관리, 비즈니스 능력개발, 화술/협상/회의진행, 여성을 위한 자기계발/인간관계, 취업/유망직업, 창조적사고/두뇌계발 등
경제/경영	경제, 경영, 경영일반, 경영전략, 경영관리, 마케팅/세일즈, 투자/재테크, 인터넷비즈니스 등
건강/취미	건강에세이/건강 기타, 다이어트/미용, 반려동물, 등산/낚시/바둑, 의학/약학, 질병과 치료법, 스포츠/오락 기타, 패션/수공예, 뇌건강 등
에세이	한국 에세이, 그림 에세이, 여성 에세이, 여행 에세이, 연애/사랑 에세이, 일기/편지글, 명상/치유 에세이, 나이듦에 대하여, 포토 에세이, 예술 에세이
가정살림	결혼/가족, 임신/출산, 육아, 자녀교육, 집/살림, 요리 등
인문	인문일반, 심리, 논리학, 윤리학, 철학/사상, 한국철학, 서양철학, 동양철학, 종교학/신화, 기호학/언어학 등
IT/모바일	게임, 그래픽/디자인/일러스트, 오피스 활용, 컴퓨터 입문/활용, 모바일/태블릿/SNS 등

참고 : 교보문고 홈페이지, YES24 홈페이지

2) 강연 시장의 주제, 분야, 아이템 분포도

주제	분야 및 아이템
동기부여 (마인드 관리 교육)	변화관리, 변화혁신, 전략적 사고, 위기관리, 갈등관리, 스트레스관리, 미래 설계, 동기부여, 창의적 사고, 혁신, 도전, 열정, 자신감, 성공학 등

주제	분야 및 아이템
리더십 교육	경영혁신 전반, 비전 경영, 창조 경영, FUN 경영, 현장 경영, 리더의 전략, 팀 리더십, 셀프 리더십, 세일즈 리더십, 여성 리더십, 주인의식 함양 등
직무교육	사내 교육(계층별·직능별), 팀 빌딩, 기업(조직) 문화, 조직 활성화, 액션 러닝, 컴퓨터활용능력, 자기관리 및 직업의식, 직장예절 등
자기계발	소통 및 커뮤니케이션, 스피치&프레젠테이션, 보이스 트레이닝, 글쓰기, 기획력, 문제해결, 창의력, 워크스마트, 문서 작성, 외국어, 시간 및 일정관리, 퍼스널 브랜딩, 멘토링 등
CS 교육	고객만족(CS) 경영, 고객심리 감성서비스, 컴플레인 응대스킬, DICK를 활용한 고객응대스킬, 고객접점(MOT) 분석, 직장 예절과 서비스, 전화 응대 예절, 비즈니스 매너, 글로벌 매너, 병원 친절 모니터링, 경청 방법 등
이미지 교육	성공하는 사람들의 이미지 메이킹, 퍼스널 컬러 컨설팅, PI(Personal Identity), CI(CEO Identity) 강화, Image Management Fashion Styling 등
취업·청소년 교육	취업캠프/면접, 진로, 적성, 초중고 학교폭력예방교육, 취업 및 진로 컨설팅, 취업역량강화, 입사지원서 작성 및 면접 전략, 면접 이미지 메이킹, 대학생활 관리 및 커리어 로드맵, 자기주도학습 등
시니어·창업교육	Second Life 성공 전략, 아름다운 노후 장수 인생, 인생 이모작, 은퇴 설계, 재테크 및 금융경제, 창업 컨설팅, 시니어 창업, 청년 창업 실무, 기업가정신 등
의무교육 및 기타	직장 내 성희롱, 성폭력 예방교육, 개인정보보호 교육, 응급처치 교육, 생명존중자살예방 강의, 어린이집 아동학대, 폭력, 안전관리 교육 등
특강	교양(역사, 예술, 인문, 문화 등), 자녀교육, 학부모교육, 부부 행복, 행복한 가정, 웃음 치료, 심리 상담, 여행 이야기, 연애의 기술, 교회 간증, 강사 양성, 자신의 관심사를 활용한 특강(생활 풍수, 여행 이야기, 동화 구연, 패션, 코디, 건강 관리), SNS 마케팅 등

출처 : 《강연의 시대》, 오상익, 책비, 2017

3) 유튜브 시장의 주제, 분야, 아이템 분포도

라이프스타일, 음악/댄스, 뷰티/패션, 영화/애니메이션, 키즈, 게임, 여행/아웃도어, 스포츠, 뉴스/이슈/정치, 비영리/NGO, 엔터테인먼트, 푸드/쿠킹, 인물/유명인, IT/기술/과학, 동물/펫, 취미, 차/배/바이크, 오피셜, 교육/강의

출처 : 유튜브 빅데이터 플랫폼 '소셜러스'

07

강력 추천하는 콘텐츠 스킬,
만다라트!

✏️ **자, 이제 콘텐츠 기획을 시작해 보자!**

콘텐츠를 기획할 때는 머릿속으로만 생각하지 말고 아이디어 발상도구를 활용하면 좋다. 만다라트는 81칸의 세부적인 아이디어를 발상할 수 있는 유용한 툴이다. 콘텐츠를 기획하는 데 정답은 없지만 이러한 도구를 잘 활용하면 콘텐츠 아이템을 기획하는데 큰 도움이 된다.

만다라트의 장점은 무엇일까? 3가지로 장점을 간추려 보았다.

첫째, 한 페이지로 내용을 볼 수 있다. 생각정리를 하는데 있어서 수많은 아이디어를 한 페이지로 볼 수 있다는 것은 참으로 중요한 요소이다. 만다라트는 종이에 가로·세로 9칸씩 모두 81칸의 사각형을 그리는 데서 시작하며, 완성되면 모든 내용을 한눈에 살펴볼 수 있다.

둘째, 틀에 공백을 메우고 싶은 심리가 작용한다. 만다라트는 아이디어 발상도구로 많이 활용되는데, 그 이유는 빈칸의 공백을 메우는 과정에서 다양한 아이디어가 나오기 때문이다. 따라서 만다라트는 생각이 멈춰 있는 상태에서 활용하면 생각이 활성화되는 효과를 볼 수 있다.

셋째, 구체적이고 논리적으로 생각을 정리할 수 있다. 만다라트는 중심토픽을 적는 칸, 주요토픽을 적는 칸, 하위토픽을 적는 칸으로 분류되어 있어 내용을 기입하는 동시에 자연스럽게 논리체계가 생긴다. 또한 세부적인 내용을 적는 과정에서 생각이 구체화된다.

🖊 만다라트로 콘텐츠를 발견하는 방법

1) 중심토픽

중심토픽에 핵심 아이디어를 적는다. 해결해야 할 핵심문제 및 목표가 무엇인지 생각하자. '콘텐츠 발견'이라는 주제를 설정했으면 중심에 제목을 적는다.

	콘텐츠 발견	

2) 주요토픽

주요토픽에는 콘텐츠를 발견할 수 있는 카테고리를 적는다. 앞서 살펴봤던 아이템을 적어도 좋고, 평소 생각하고 있는 내용을 적어도 좋다. 다음과 같이 8개의 칸에 하나하나씩 칸을 채워 나간다. 취미, 특기, 아픔, 경험, 성장과정 등 카테고리를 적는다.

취미	강점	경험
상처 아픔	(중심토픽) 콘텐츠 발견	특기
성장과정	좋아하는 것	트렌드

3) 하위토픽

하위토픽에 관련된 경험이나 아이디어를 적는다. 하위토픽의 내용은 구체적일수록 좋다. 예를 들어 주요토픽의 '특기'에 대해서는 다음과 같은 아이디어를 적을 수 있다. 대중 스피치, 방송댄스, 노래, 요리, 유행어 파악 등 떠오르는 대로 최대한 많이 적어보자.

취미	강점	경험
상처 아픔	(중심토픽) 콘텐츠 발견	특기
성장과정	좋아하는 것	트렌드

→

방송댄스	대중 스피치	노래
요리	특기	친화력
유행어 파악	사람들 소개시켜 주기	자기PR

4) 우선순위 정하기, 삭제, 여백에 마인드맵 가지치기

아이디어를 발상했다면 수렴을 할 차례다. 번호를 매겨 우선순위를 정한다. 우선순위를 정하면 중요도가 결정된다. 이때 불필요한 내용은 과감히 삭제한다. 아이디어가 많으면 오히려 복잡해질 수 있다. 끝으로 여백을 활용해 다음과 같이 마인드맵 가지로 생각을 구체화하자. 칸을 활용하기도 하고, 칸의 여백도 자유롭게 활용해 보자!

6. 방송댄스	4. 대중 스피치	7. 노래
8. 요리	특기	1. 친화력
5. 유행어 파악	2. 사람들 소개시켜 주기	3. 자기PR

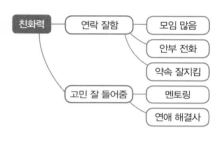

5) 한 페이지 만다라트 채우기

만다라트의 빈칸을 최대한 많이 채우며 콘텐츠 소재를 발상해 보자. 이때 빈칸을 모두 채워야 한다는 생각은 버리자. 다만, 마감시간을 정해 두면 적당한 긴장감이 생겨 아이디어 발상에 도움이 된다.

영상찍기	다양한 경험해보기	뮤지컬 보기	어려운 거 쉽게 설명하기	연결하기	글쓰기	소개팅을 많이 해줌	아르바이트 에이전시	강연 에이전시
콘서트 보기	취미	음악 듣기	말하기	강점	특이한 생각하기	크리에이터 에이전시	경험	인플루언서 에이전시
춤추기	강연듣기	책 읽기	묘사하기	경청하기	공감하기	MD상품 기획자	청소년 진로강사	스타트업 헤드헌터
부모님의 이혼	가난	무시받음	취미	강점	경험	방송댄스	대중 스피치	노래
왕따	상처아픔	사회생활 부적응	상처 아픔	(중심토픽) 콘텐츠 발견	특기	요리	특기	친화력
비교당함	공황장애	우울증	성장과정	좋아하는 것	트렌드	유행어 파악	사람들 소개시켜주기	자기PR
아르바이트 엄청 많이 함	수시로 대학감	반장, 학생회 함	상품	맛집	여행	유튜브	크리에이터	스타트업
동아리활동 많이 함	성장과정	장학금 받음	추천	좋아하는 것	음식	나다움	트렌드	퇴사
대외활동 많이 함	미국으로 유학	외동딸	인정받는 것	뮤지컬	콘서트	이직	SNS	퍼스널 브랜딩

6) 콘텐츠 분야 BEST 3 선정하기

만다라트에 채워 넣은 아이디어를 살펴보며 도전하고 싶은 콘텐츠 분야 BEST 3를 생각해 본다. 그다음 선정 이유와 콘셉트 방향을 기입한다.

순위	콘텐츠 분야	하고 싶은 이유 & 아이디어
1	\<좋아하는 것\>맛집+\<강점\>묘사하기+\<강점\>말하기	맛집을 좋아한다. 간장게장 도장깨기를 하고 싶다. 찾아보니 이미 빵집 도장깨기, 떡볶이 도장깨기, 돈까스 도장깨기, 만두 도장깨기 등을 했던 블로거들이 있었다. 특히 떡볶이 도장깨기를 한 사람은 TV에서 진행자로 섭외되기도 했다. 유튜브에서 맛집을 리뷰하면 어떨까? 하지만 다른 사람들과 어떻게 차별점을 주어야 하나 고민이 많았다. 그래서 솔직한 리뷰를 하기로 한다. 내가 평소에 맛집을 갈 때 무슨 정보들이 필요한지, 정보의 소비자 입장에서 생각해 본다. 우선 맛집 위치, 맛, 가격, 분위기, 서비스가 가장 중요하다. 각 항목에 대해 별점을 매겨볼 것이다. 5점 만점에 별 몇 개인지! 나는 오랜 기간을 혼자 살면서 외식을 해본 경험이 많다. 그리고 미각과 후각이 발달되어 있고, 묘사를 잘하는 것이 강점이다. 예를 들어 간장게장을 리뷰한다면, 내가 가본 간장게장 맛집 1,2,3을 비교하면서 설명할 수 있을 것이다. 그러면 사람들은 나의 리뷰와 추천력에 대한 신뢰를 가질 것이다.
2	\<경험\>소개팅을 많이 해줌+\<강점\>연결하기	대학교 때부터 소개팅을 많이 해주었다. 그리고 친구들에게 아르바이트도 많이 소개해 주었다. 그러다보니 아르바이트 에이전시에서는 아예 내게 에이전트를 해달라는 의뢰를 해왔다. 그 경험을 바탕으로 아르바이트 에이전시를 하다가, 강연자가 되어서는 강연자와 강연을 이어주는 강연 에이전시를 하게 되었다. 유튜브 크리에이터가 되고 나서는 기업과 크리에이터를 이어주는 크리에이터 에이전시를 하게 되었다. 그리고 나는 강연자, 유튜브 크리에이터 등의 인플루언서 에이전시를 운영하게 되었듯. K-Pop과 K-Drama, K-Beauty가 있었듯, 한국의 선한 영향력을 가진 다양한 인플루언서들이 해외에서도 강연이나 활동 등을 할 수 있도록 가교가 되어주는 회사를 만들고 싶었다. 그렇기에 나의 2번째 회사 K-인플루언서를 만들어 명사특강, 브랜디드 콘텐츠 연결 등 활발한 활동을 하고 있다.
3	\<트렌드\>유튜브+\<강점\>어려운 거 쉽게 설명하기	유튜브 관련 강의를 들었다. 최근 많은 사람들이 콘텐츠 크리에이터가 되고 싶어함을 알게 되었다. 나 역시 되고 싶었다. 많은 초등학생의 장래희망이기도 하단다. 나는 현재 취업/진로 컨설턴트로 활동을 하고 있다. 하지만 이대로의 추세라면 취업교육 시장은 아마 서서히 학습자 수요가 적어질 지도 모른다. 취업 가능인구는 줄어들고, 기업에서는 아마 모셔가려고 할 것이다. 과거의 한국이 그랬다. 그리고 현재의 일본도 그렇다. 졸업한 학생들을 모셔간다. 그러면 이제 취업교육 시장이 작아질 때, 무엇이 커질까? 바로 유튜브다. 강의 카테고리를 확장한다면 유튜브 강의를 해야겠다라고 결심했다. 결국 현재 유튜브 강의 및 개인 컨설팅을 할 수 있게 되었다. 사실 나는 유튜브를 정말 어렵게 배웠다. 5개월 넘게 오프라인 교육을 들었다. 그리고 내 유튜브 안에서 다양한 실험도 해봤다. 이제 이 중에서 효과가 좋았던 것들만 고르고 골라, 큐레이션하여 나만의 교육과 컨설팅을 만들었다. 앞으로 가다듬을 것이 많지만, 내가 좋아하는 일인 유튜브 만들기를 하면서도, 관련된 2차 비즈니스 모델을 만들었다는 점에서 나에게 의미가 있다.

1. 나만의 콘텐츠 발견하기 (만다라트 실습)

	▨				▨				▨				

	▨				▨				▨				

	▨				▨				▨				

2. 콘텐츠 분야 선정하기 (실습)

순위	콘텐츠 분야	하고 싶은 이유 & 콘셉트 방향
1		
2		
3		

2장

당신의 흑역사도
콘텐츠가
될 수 있다!

01

문제를 발견할 때
아이디어가 생겨난다!

✎〰️ **기발한 아이디어는 어디에서 오는가?**

비틀즈의 마지막 앨범에 수록된 곡 〈렛잇비〉처럼 꿈속에서 누군가 메시지를 줄 때까지 기다려야만 하는 것일까? 실제 비틀즈의 멤버 폴 매카트니는 꿈속에서 들려준 어머니의 한마디에 〈렛잇비〉를 만들었다고 한다. 모차르트는 피아노의 도움 없이 그저 머리로만 모든 곡을 만들었다. 〈해리포터〉의 아이디어 역시 지연된 런던행 열차 안에 갇혀 있던 J. K. 롤링의 머릿속으로 난데없이 뚝 떨어진 것으로 알려져 있다.

이처럼 천재 창작가들의 이야기에는 '아하!'의 순간이 등장한다. 하지만 이러한 에피소드를 정리한 앨런 가넷은 그의 저서 《생각이 돈이 되는 순간》에서 이처럼 훌륭한 아이디어가 하늘에서 뚝 떨어지는 경우는 드물다고 말한다. 카이스트 바이오 및 뇌공학과 정재승 교수도 "기발한 아이디어란 무에서 유를 창조하는 것이 아니라, 문제의 본질을 정확히 꿰뚫어 본 후에 기존의 다양한 아이디어들을 조합하고 연결하는 것"이라고 말했다. '플래닝코드(planning code)' 기획론을 만든 남충식 저자는 기획력을 어떻게 정리할까?

> "기획이란 어떻게 문제를 잘 찾고 (P코드=Problem)
> 어떻게 해결책을 잘 발상할 수 있을까(S코드=Solution)의 게임입니다."

나 역시 이 주장에 동의한다. 〈생각정리스킬〉 콘텐츠 역시 그저 하늘에서 '뚝' 떨어진 아이디어로 만들어진 것이 아니다. '기존에 생각정리 관련 콘텐츠가 많이 있었지만 대중에게 잘 알려지지 않은 이유는 뭘까?' '도대체 왜 생각정리와 관련된 강의나 책은 어려울까?' 하는 의문이 있었다. 이를 해결해 보겠다는 간절한 마음이 '생각정리' 콘텐츠에 도전하게 만든 것이다.

〈생각정리스피치〉 콘텐츠 역시 마찬가지다. '도대체 왜 스피치 책은 생각정리 기법이 아닌 표현법(발음, 발성, 제스처)을 지나치게 강조할까?' '스피치 책에 있는 사례는 왜 스티브 잡스나 오바마 연설문과 같이 우리와 거리가 멀고 과거의 내용만 있는 걸까?' 하는 의문이 있었다. 그 해결책으로 '생각정리법' 중심의 스피치, 대한민국 스타강사들의 스피치 대본을 분석한 기존과는 차별화된 스피치 콘텐츠가 나오게 되었다. 이처럼 문제를 해결하는 과정에서 '생각정리' 콘텐츠가 기획되었다.

다시 말해 생각정리 콘텐츠는 난데없이 뚝 떨어진 것이 아니다. 기존 생각정리 콘텐츠의 문제를 발견하고(P코드, Problem), 그 문제를 해결할 수 있는 해결책(S코드, Solution)을 고민해 가는 과정에서 새로운 생각정리 콘텐츠를 만들 수 있었던 것이다.

더 나아가 내 인생 또한 생각정리가 안 되는 문제를 발견하고(P코드, Problem) 생각정리를 잘할 수 있는 해결책을 발견해 가는(S코드, Solution) 과정의 연속이었다. 만일 나에게 문제가 없었다면, 지금의 '생각정리' 콘텐츠를 기획할 수 없었을 것이다.

✎ 머릿속이 복잡한 당신? 사실은 내 머릿속이 복잡했다!

《생각정리스킬》의 프롤로그에는 '김 대리의 하루'라는 짧은 에피소드가 나온다. 생각정리가 되지 않아 고생하는 직장인의 이야기인데, 수많은 독자 분들이 공감해 주셨다. 간단히 요약하면 다음과 같다.

아침부터 지각을 한 김 대리는 허겁지겁 회사로 달려간다. 회사에 도착하니 아니나 다를까 싸늘한 기운이 흐른다. 눈치를 보며 컴퓨터를 켠다. 떠오르는 대로 해야 할 일을 메모장에 적는다. 할 일이 왜 이렇게 많은지 한탄할 시간도 없이 주간회의가 시작된다. 회의내용을 나름대로 정리했는데 핵심내용이 보이지 않는다. 기획안을 작성하려고 하니 아이디어는 많은데 정리가 되지 않아 답답하다. 오후에는 외부업체 담당자와 미팅을 한다. 보고내용을 잘 정리해야 하는데 기억이 나질 않

는다. 정신없이 일을 하다 보니 어느새 퇴근시간이다. 내일은 어떻게
견뎌야 할지, 해결되지 않는 복잡한 고민들로 머릿속이 복잡하다. 오늘
밤도 잠이 오지 않는다.

복주환, 《생각정리스킬》 중에서

직장생활을 하는 사람이라면 한 번쯤 김 대리의 하루와 같은 일을
겪어 봤을 것이다. 해야 할 일은 많고 만나야 될 사람도 많은데, 어디
서부터 어떻게 정리해야 할지 몰라 고민인 사람들이 주변에 많다. 나
역시도 그랬다. 책에 등장하는 김 대리는 생각정리를 못했던 과거의
나를 상상해 만든 캐릭터다. 생각이 많은 것은 '득'이지만 정리가 안
되는 것은 '독'이 된다는 말도 내 경험을 통해 정리된 문장이다.

✏️ 생각정리가 필요했던 사람은 바로 나!

나는 처음부터 생각정리를 잘했던 건 아니다. 오히려 그 반대였다. 생각정리가 안 돼 누구보다 고민이 컸다. 말을 하면 두서가 없고, 글에는 부연설명이 많고, 행동은 우유부단해서 사람들과 소통하는데 어려움이 많았다. 가장 심각했던 상황은 대학 시절이었다.

당시 나는 동시다발적으로 여러 가지 활동을 하고 있었다. 평일에는 학교를 다니며 도너츠 가게에서 아르바이트를 했다. 주말에는 돌잔치와 결혼식, 송년회 행사 등 레크리에이션 사회자 아르바이트를 했다. 대학교 2학년 때에는 뮤지컬학과에서 청소년지도학과로 전공을 바꿨다. 전과를 해서 모든 것을 새롭게 공부해야 하는 상황이었다. 매주 제출해야 하는 팀 과제활동도 넘쳐났다. 시험공부로 외워야 할 내용은 어찌나 많은지…. 또 카페에 아르바이트를 하러 가면 업무 매뉴얼부터 각종 음료 만드는 법을 빠른 시간 내에 외워야 했는데, 기억력이 좋지 않았던 나는 자주 실수를 했다. 해야 할 일, 기억해야 할 일이 왜 이렇게 많은지 늘 정신이 없었다.

게다가 나는 일이 마무리가 안 되어도 일 벌리는 것을 좋아하는 스타일이었다. 기획을 하면 구체적인 계획을 세우고 추진해야 되는데, 벌리는 일만 많아지다 보니 점점 복잡해졌다. 그러다 보니 시간이 가면 갈수록 마감에 대한 압박감도 커지고, 심지어 인간관계에서도 문제가 생겼다. 하나에 집중해도 하기 힘든 일들을 여러 개 한꺼번에 하다 보니 놓치는 것들이 많았다.

이렇게 내 삶은 복잡하고, 당황스럽고, 생각정리가 안 되는 하루하루의 연속이었다. 그렇지만 그 당시에는 나에게 필요한 키워드가 '생각정리'라는 것을 알지 못했다. 그저 막연하게 복잡한 머릿속을 정리하고 싶다는 생각만 하며 스트레스를 받았을 뿐이다.

"하… 당신이라면
이 문제를 어떻게 해결할 것인가?"

02

그래, 내가 만들어 보자.
생각정리 콘텐츠!

생각정리를 잘하고 싶었다. 날마다 일기를 썼고, 틈틈이 메모하는 습관을 만들었다. 해야 할 일 사이클을 만들어 분초 단위로 시간을 관리해 보기도 했다. 1,000권 독서를 하고 독서리스트를 만들기도 했다. 운동리스트도 만들어 운동했던 내용을 날마다 기록했다. 그런데 기록을 많이 한다고 해서 근본적으로 생각정리를 잘할 수 있는 건 아니었다. 생각을 비우고 어딘가에 저장하는 것은 분명히 도움이 되었지만 내가 원하는 건 그 이상의 생각정리였다. 지식과 정보를 체계적으로 정리하고, 설계할 수 있는 방법. 그래서 말하기도 글쓰기도 기획도 잘할 수 있게 되는 생각정리 방법을 알고 싶었다.

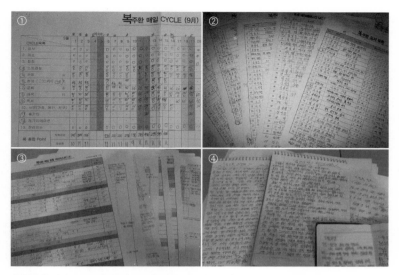

①복주환 매일 CYCLE ②독서목록 ③매일 운동 리스트 ④10년 동안 써온 일기장

🖋 내가 본 것은 기회였다! 문제해결의 기회!

머릿속이 복잡한 어느 날 서점에 갔는데 책 한 권이 눈에 들어왔다. 생각을 정리하는 기술에 관련된 책이었다. 뭐지? 생각을 정리하는 기술이 있다고? 그냥 지나칠 수 없었다. 어쩌면 나의 문제를 해결해 줄 수 있는 단서를 찾을 수 있을지도 모르니까!

당시 내가 본 책은 토니 부잔의 '마인드맵'에 관련된 책이었다. 고등학교에 다닐 때 선생님이 마인드맵을 사용하는 것을 잠깐 본 기억이 있었지만 당시에는 필요하다고 느끼진 않았다. 하지만 머릿속이 복잡하고 문제가 있는 상황이다 보니 지푸라기를 잡는 심정으로 마인드맵을 공부해 보기로 했다. 그런데 처음에는 마인드맵을 그리는 재미가 있었지만 이내 한계를 느꼈다. 계속 생각을 확장하다 보니 수많은 생각들을 종이 한 장에 정리하기에는 공간이 부족했다. 또 생각정리를 할 때 내용을 '수정·삭제·이동'할 수 없다는 것은 치명적인 단점이었다.

마인드맵을 더 구체적으로 알기 위해 인터넷을 검색해 보니 디지털 마인드맵이라는 것이 있었다. 디지털 마인드맵은 마인드맵을 컴퓨터로 구현한 소프트웨어다. 국내외로 약 20가지가 넘게 있는데, 당시 무료 디지털 마인드맵이었던 '알마인드'가 사용하기 편리했다(알마인드는 현재 서비스를 종료했다).

디지털 마인드맵은 생각정리의 신세계였다. 내가 강조하는 생각정리의 핵심은 '수정'이다. 생각은 끊임없이 움직이고 변하기 때문이다. 그 생각을 정리할 수 있는 도구가 필요했는데 디지털 마인드맵을 사용해 보니 복잡한 생각이 차츰 정리되고, 생각을 체계적으로 설계할 수 있었다. 디지털 마인드맵은 생각을 움직일 수 있을 뿐만 아니라 다시 합치고 수정하여 복잡한 생각을 한 페이지로 정리할 수 있는 유용한 도구였다.

"생각을 정리하는 방법이 더 없을까?"

생각정리를 더 전문적으로 공부하고 싶어 관련 책과 강의를 찾아봤다. 논리와 논증, 목표수립부터 정보 및 독서정리, 기획력과 문제해결 그리고 스피치까지 관심사를 점차 확장해 갔다. 인터넷, 책, 강의에서 설명이 부족하면 국회 도서관까지 가서 관련 논문을 찾아봤다.

또 전문가를 직접 찾아가 강의를 듣고 실습도 하며 치열하게 공부했다. 그렇게 나는 생각정리에 완전히 빠져들었다. 그리고 어느 날 생각정리에 대한 큰 깨달음을 얻었다.

"아! 생각정리는 단순히 감이 아니라 기술이 맞구나!"

메모법과 마인드맵이 전부인 줄 알았는데 국내외로 약 300가지 이상의 생각을 정리하는 도구가 존재한다는 게 흥미로웠다. 어찌나 재미있고 신기하던지 생각을 정리하는 재미에 푹 빠졌다. 특히 하루 일과를 정리하고 미래를 계획하고 아이디어를 기획할 때 생각정리 도구를 활용하니 효과가 좋았다. 이후 만다라트, 로직트리, 브레인스토밍 등 다양한 생각정리 도구를 연구하며 나의 일상과 업무에 접목시켰다. 노션과 같은 메모 전문 프로그램도 꾸준히 사용했다.

생각정리 도구와 원리를 완전히 내 것으로 만들기 위해 오랜 시간 노력했다. 생각정리 연구노트를 만들어 그동안 연구하고 공부하며 깨달은 생각정리 원리와 도구 사용법 등을 체계적으로 정리해 두었다. 당시 '근본적으로 생각정리를 못했던 이유'를 노트에 기록해 두었는데, 이는 《생각정리스킬》의 핵심내용이 되었다.

> 첫째, 머릿속 생각은 눈에 보이지 않는다.
> 둘째, 생각정리 도구를 활용하지 않는다.
> 셋째, 생각정리 원리를 이용하지 않는다.

그럼, 생각정리를 잘하려면 딱 이 반대로 하면 되는 거구나! 우선 머릿속 복잡한 생각들을 눈에 보이게 하는 것이 중요했다. 그다음에는 생각정리를 하는 원리를 이용해, 생각정리 도구들을 잘 활용하면 된다. 이렇게 하면 나는 물론이고, 사람들 모두가 생각정리를 잘할 수 있겠구나!

✒ 기존 생각정리 콘텐츠의 3가지 문제점

그런데 의문이 하나 생겼다. 기존의 생각정리와 관련된 책이나 강의에는 좋은 내용들이 많았다. 하지만 책을 읽거나 강의를 듣고 난 후 아이러니하게도 생각이 정리되는 게 아니라 더 복잡해지는 경우가 많았다. 왜 그럴까? 여러 가지 이유를 생각해 봤다.

보이는 생각들의
흐름을 지면에
표현하기 어렵다

외국 사례가 많아
이해하기 어려운
용어와 사례 많음

콘텐츠를 소비자가
아니라 제작자
입장에서 만듦

첫째, 생각이 정리되는 과정을 글로 표현하기가 어렵다. 생각정리는 단순히 머릿속에 있는 쓸모없는 생각을 버리는 행위만을 의미하지 않는다. 아이디어와 지식과 정보를 더 가치 있게 만드는 두뇌활동이 바로 생각정리다. 그런데 문제는 보이지 않는 생각이 정리되는 과정을 지면에 표현하기가 어려웠다. 생각정리를 책으로 배운다는 건 마치 자전거 타기를 글로 배우는 것만큼이나 어려운 일이었다.

둘째, 용어와 사례 때문이다. 생각정리 도구는 대부분 외국에서 개발한 개념들이다 보니 이해하기 어려운 용어와 사례가 많았다. 특히 해외 기업 중심의 사례를 통해 생각정리를 이해하려고 하면 머릿속이 더 복잡해지는 기분이 들었다. 생각정리를 하려고 책을 읽었지만, 용어와 사례가 어려워 오히려 생각정리를 포기하고 싶을 정도였다. 다음 내용을 한 번 읽어보자. 얼마 지나지 않아 책을 덮고 싶을 것이다.

예를 들어 로직트리(Logic Tree)란 주어진 문제 또는 과제에 대해 논리적 연관성이 있는 하부과제들을 나무모양으로 전개한 것을 말한다. 로직트리를 사용하기 위해서는 MECE 개념을 알아야 한다. MECE는 Mutually Exclusive Collectively Exhaustive의 약자로, 항목들이 상호배타적이면서 모였을 때는 완전히 전체를 이루는 것을 의미한다.

셋째, 소비자가 아닌 제작자의 입장에서 콘텐츠를 만들었기 때문이다. 생각정리를 찾는 독자들은 누구인지, 그들은 왜 생각정리가 필요한지, 수준이 어느 정도인지를 고민하지 않고 만든 콘텐츠는 소비자에게 외면당할 수밖에 없다. '생각정리'는 남녀노소 누구에게나 필요하다. 하지만 전문가 눈높이에서 콘텐츠가 만들어지면 대중이 쉽게 접근하지 못하는 어려운 콘텐츠가 된다. 용어와 사례가 어려운 이유는 대중의 눈높이에 맞춰 콘텐츠를 만들지 않았기 때문이다.

✏️ 그래! 문제를 내가 직접 해결해 보자!

문제를 인지하는 순간, 번뜩이는 아이디어가 떠올랐다. 바로 '아하'의 순간이 내게도 찾아온 것이다. 기존의 생각정리 콘텐츠에서 벗어나 누구나 이해할 수 있고, 쉽고, 재미있게 새로운 방식으로 생각정리를 전해보면 어떨까?

먼저, 기업 중심의 사례가 아니라 개인 중심의 사례로 바꿔야 한다. 생각정리에 재미를 느끼게 하기 위해서는 사람들이 관심있어 하는 주제와 일상적인 내용을 가지고 사례로 만들어야 한다. 예를 들면 시간관리나 휴가계획을 세울 때 필요한 생각정리, 머릿속에 있는 고민을 당장 해결하고 싶을 때, 지금 즉시 머릿속 내용을 정리해 말하고 싶을 때의 생각정리, 즉 우리 일상에서 벌어지는 크고 작은 생각정리 주제를 가지고 내용을 만들어 보면 좋겠다는 생각을 했다. 특히 기존의 콘텐츠는 생각정리의 기술이 마인드맵이나 메모법에만 국한되어 있는 게 아쉬웠다.

만일 내가 생각정리 관련 콘텐츠를 만든다면 생각정리 도구 이전에 우리가 왜 생각정리를 해야 하는지, 그동안 몰랐던 생각정리의 힘은 무엇인지 흥미롭게 이야기해 보고 싶었다.

> 다양한 생각정리스킬을 제시하고
> 상황과 목적에 맞게 사용할 수 있도록 로드맵을 만들어 보자.
> 그동안 공부했던 내용을 최대한 쉽게 풀어보자.
> 단, 깊이 있게 공부하고 싶은 분들을 위해
> 생각정리의 원리를 체계적으로 담아보자.
> 생각정리 프로세스를 아주 상세하게,
> 그렇지만 아주 간단히 설명해 보자.

생각정리를 잘할 수 있는 방법을 단순화하고 솔루션에 대한 뼈대를 세운다는 건 나에게 큰 의미였다. 세상의 지식은 의외로 단순하지 않은가? 단순함은 최고의 경지다. 복잡한 현상에서 얻은 이치를 체계화한 것이 이론과 법칙이다. 이를 더 간단하게 표현한 것이 공식이다. 나는 생각정리의 방법을 나만의 방법으로 공식을 만들었고, 생각정리를 기술로 배울 수 있는 매뉴얼을 만들었다.

03

한 장짜리
콘텐츠 기획서 만들기

✏️ **세상에 아무리 기획서가 많아도, 구성(틀)은 비슷하다!**

길을 걷다가도 좋은 아이디어가 떠오르면 카페에 들어가 펜을 들고
한 장짜리 기획서를 만들었다. 막연했던 아이디어가 기획서를 만드는
과정에서 구체화되기 때문이다. 기획서를 잘 만들어 놓으면 누군가에
게 콘텐츠에 대한 생각을 논리적으로 전할 때 도움이 된다.

그럼, 기획서는 어떻게 만들어야 할까? 우선 기획서의 기본 흐름
을 이해해야 한다. 기획서의 흐름은 '이런 문제가 있다'에서 '이렇게
해결하고자 한다'로 흘러간다. 여기서 '문제'라는 건 뭔가 잘못된 것
이라는 의미가 아니라, 바라고 원하는 일이 있는데 기대하는 것과 차
이가 생겼을 때의 문제를 말한다. 그리고 그 문제를 해결하는 활동이
바로 '기획'이고, 그걸 정리한 문서가 '기획서'다.

한 페이지 기획서를 만들려면 한 장짜리 생각의 틀을 만드는 방법을 이해해야 한다. 생각의 틀은 기획서에 들어가는 항목이다. 항목이 배치되는 순서는 '한마디로 무엇인지(What)'에 해당하는 내용을 상단에 적는다. 그다음 '어떤 문제가 있으며 누구에게 왜 필요한지(Why)'에 대한 내용을 적는다. 끝으로 어떻게 '해결할지(How)'에 대한 내용을 적는다.

기획서의 항목은 최대 10개 이상 넘어가지 않는다. 사람들은 한 번에 7~8개의 숫자를 기억에 저장할 수 없기 때문이다.

		⟨생각정리 콘텐츠⟩ 기획서 (초안)
	항 목	내 용
⟨What⟩ 한마디로 무엇인가?	분야	자기계발/생각정리/말하기/글쓰기/기획력
	제목(부제)	생각을 정리하는 법 (가제), 쉽고 재미있게 생각을 정리하는 방법 (부제)
⟨Why⟩ 어떤 문제가 있으며 누구에게 왜 필요한가?	콘텐츠 기획 배경 (문제점)	1. 생각정리가 필요한 사람들이 많은데 기존의 방법론이 아쉬운 상황 　1) 생각정리의 기술이 마인드맵, 메모법 등에 국한되어 설명 　2) 기업 중심의 사례가 오히려 생각을 더 복잡하게 만듦 　3) 외국에서 넘어온 생각정리 용어가 생소하게 느껴짐 2. 한편, 생각정리를 필요로 하는 사람들은 점점 많아지고 있음
	학습대상 (필요성)	1. 생각은 많은데 정리가 되지 않아 고민인 분 2. 다양한 생각정리 방법과 원리를 배우고 싶은 분 3. 일상·업무·학업에 필요한 생각정리 기법을 배우고 싶은 분 4. 생각정리를 잘해서 말하기, 글쓰기도 잘하고 싶은 분
⟨How⟩ 어떻게 해결할 것인가?	컨셉 (차별화 전략)	1. 기업 중심의 사례가 아니라 개인 중심의 사례로 쉽게 설명 　예)휴가계획, 다이어트 계획세우기, 고민·문제해결하기 등 2. 생각정리의 중요성 및 필요성을 흥미롭게 이야기하기 3. 마인드맵, 메모법뿐만 아니라 다양한 생각정리의 기술 제시

당시 나의 ⟨생각정리 콘텐츠⟩ 기획서를 복기해 보면 이런 모습일 것이다. 콘텐츠를 기획할 때는 이러한 형식으로 What, Why, How에

대한 내용을 작성해 보면 좋다. 단지 머릿속에 좋은 아이디어가 있다고 해서 콘텐츠가 기획되는 게 아니라, 이렇게 기획서 작성을 해보는 작업을 통해 기획이 시작되는 것이다.

콘텐츠 기획서 작성법에 대한 이해를 돕기 위해 〈출간기획서〉와 〈강의기획서〉의 예시를 준비했다. 기획서는 어떻게 만드는지 예시를 통해 한 번 살펴보자(기획서에 기록된 내용은 지면의 한계상 생략된 정보임을 미리 밝힌다).

출간기획서와 강의기획서는 종류에 따라 항목이 달라지지만 기획서의 흐름은 동일하게 What, Why, How로 진행된다. 그리고 콘텐츠 기획서는 이처럼 한 페이지로 정리해야 한다. 좋은 기획서는 간결하고, 불필요한 말 없이 핵심내용만 담겨져 있다. 참고로 What, Why, How 칸은 실제 기획서에는 없는 칸이니, 실제 사용할 때에는 삭제하길 바란다. 그럼, 당신의 아이디어로 콘텐츠 기획서를 한 번 작성해 보자.

《생각정리스피치》 출간기획서 (예시)		
	항목	내용
\<What\> 한마디로 무엇인가?	분야	실용서 / 스피치 / 화술
	제목(부제)	생각정리스피치 (말하기와 글쓰기를 동시에 잡는 방법)
	컨셉 (차별화 전략)	1. 스피치 표현법이 아닌 생각정리법을 강조한다. 2. 대한민국 스타강사들의 스피치 대본을 최초로 분석한다. 3. 생각정리스킬을 활용한 스피치 대본 만들기 비법을 소개한다.
\<Why\> 어떤 문제가 있으며 누구에게 왜 필요한가?	예상독자	1. 머릿속에 생각은 많은데 말로 표현이 되지 않는 분들 2. 논리적으로 생각하고 말하는 방법을 알고 싶은 분들 3. 스피치 대본을 만드는 방법을 구체적으로 알고 싶은 분들
	출간배경	스피치에 대한 우리의 착각은 표현법을 훈련하면 말까지 잘할 수 있다고 믿는 것이다. 발음 연습을 열심히 하면 발음이 좋아지고, 목소리 훈련을 열심히 하면 목소리가 좋아질 뿐이다. 발음, 발성, 목소리는 스피치에 있어서 충분조건이 아닌 필요조건이다. 그럼에도 불구하고 스피치 관련 도서는 대부분 표현법 위주의 책이며 스피치 내용 작성법(대본 제작)에 관련된 책은 거의 없다. 또 기존 스피치 도서에서 아브라함 링컨, 스티브 잡스와 같은 명 연설문을 사례로 사용하고 있다. 현대인들과 맞지 않은 사례다. 이러한 문제를 해결하기 위해 《생각정리스피치》를 출간하고자 한다.
\<How\> 어떻게 해결할 것인가?	가목차	프롤로그 / 스피치를 잘하려면 생각정리부터 시작하라! 제1장 생각정리를 잘하면 스피치는 덤이다! 제2장 시작과 마무리만 잘해도 사람이 달라보인다! 제3장 본론 만들기, 오늘 안하면 내일도 못한다! 제4장 스피치 실력은 자료를 보면 알 수 있다! 제5장 스피치를 준비하는 모든 과정이 '생각정리'다!
	출간일	2018년 1월 출간 뉴스기사에서 연초에 스피치에 관심이 높다는 통계가 있음
	홍보전략	1. 《생각정리스킬》 기존 독자 분들에게 홍보 2. 기업교육 출강 및 저자 강연회를 통한 홍보 3. 개인 SNS를 통한 홍보 4. 영상제작을 통한 홍보 5. 방송 및 라디오 출연을 통한 홍보

《생각정리스킬》 기업 특강기획서 (예시)		
	항목	내용
<What> 한마디로 무엇인가?	제 목	생각정리스킬
	부 제	논리적사고기법과문제해결프로세스를통한능동적일하기의기술!
<Why> 어떤 문제가 있으며 누구에게 왜 필요한가?	학습대상	S기업 / 30명 / 엔지니어 (평균연령 30대 중반)
	교육취지	업무 현장에서 빈번히 발생하는 3가지 문제상황을 미리 접해보고, <생각정리스킬>을 통해 문제를 해결할 수 있는 프로세스와 논리적 사고기법을 터득한다.
	교육목표	1. 논리적 사고기법 3가지를 터득하여 업무에 적용시킨다. 2. 생각정리스킬을 접목시켜 업무의 효율성과 생산성을 높인다. 3. 문제를 해결할 수 있는 프로세스를 이해한다.

<table>
<tr><th rowspan="12"><How>
어떻게
해결할
것인가?</th><th rowspan="6">교육개요</th></tr>
</table>

		구분	내용
	교육개요	일정	20XX. 5. 6 (월) 오전 9시-12시
		시간	총 3시간
		장소	S기업
		자리배치	조별구성
		준비	노트북, 기본 교재, 포스트잇

		구분	핵심스킬	주요내용
	커리큘럼	1교시 50분	퀘스천맵 (Question Map)	일을 할 때 논리적 사고가 필요한 이유 (토론 및 실습)
		2교시 50분	만다라트 (Mandala-Art)	일을 구체화하고 우선순위를 정 하는 방법 (실습)
		3교시 50분	로직트리 (Logic Tree)	현황을 분석하고 문제를 해결하 는 방법 (실습)

※ 참고로 커리큘럼은 <강의기획서>에서 가장 중요한 부분이다. 실제 기획서에서는 내용이 더 구체적이지만 지면 관계상 내용을 간추렸다.

생각정리기획력

콘텐츠 기획서 제목 [　　　　　]		
	항목	내용
<What> 한마디로 무엇인가?		
<Why> 어떤 문제가 있으며 누구에게 왜 필요한가?		
<How> 어떻게 해결할 것인가?		

04

작은 일도 꾸준히 하다 보면
큰일이 온다!

✏ ～～ 알고 있는 내용이 있다면 단 한 사람에게라도 전하자!

어설프지만 생각정리 콘텐츠를 강의 형태로 만들었다. 콘텐츠 이름
은 아직 지어지지 않았다. 〈생각정리하는 방법〉 정도로 가제를 만들
었다. 그런데 어떻게 하면 콘텐츠를 사람들에게 전할 수 있을까? 만
일 당시 유튜브가 좀 더 활성화되었다면 나는 어쩌면 유튜브 크리에
이터로 활동했을지도 모른다. 하지만 당시에는 유튜브나 인스타그램
등의 플랫폼이 크게 알려지지 않았던 상황이었다. 나는 레크리에이
션 사회자를 해왔던 경험과 강점을 살려, 강의라는 형태의 콘텐츠를
만들기로 했다. 1년 정도는 가까운 지인들을 대상으로 기회를 만들
어 재능기부 형태의 강의를 진행했다. 콘텐츠 연구와 콘텐츠를 다듬
는 과정이 필요했기 때문이다.

생각정리기획력

"생각정리하는 방법을 알고 있는데 알려줄까?"

생각정리를 잘하는 방법을 사람들에게 알리고 싶다는 마음이 컸다. 누군가에게 알려주고 싶은 마음은 콘텐츠 크리에이터의 본능일 것이다. 학교 친구들과 후배들을 만나 대화를 나눌 기회가 생기면 나는 생각정리에 대한 필요성과 방법을 열정적으로 말했다. 당시 재학하고 있던 청소년지도학과는 전공의 특성상 생각정리·말하기·글쓰기에 관심이 있는 친구들이 많았다. 나는 디지털 마인드맵 사용법, 에버노트, 마인드맵, 로직트리 등 내가 공부하며 정리한 생각정리 콘텐츠를 강의 형태로 전했다. 한 명 한 명 직접 만나서 생각정리하는 방법과 원리를 전했다. 효과가 있다고 생각한 친구들은 자신이 속한 동아리나 교회 등에서 강의를 해줄 수 있냐고 요청을 하기도 했다.

내가 생각정리하는 방법을 가르치고 있다는 소문이 학교에 퍼져 교수님들도 알게 되었다. 지도교수님께서는 후배들의 〈청소년 프로그램 개발과 평가〉라는 수업시간에 특강을 요청했다. 강의를 함께 들은 교수님은 콘텐츠에 대해 매우 좋은 평가를 해주었다. 특히 청소년에게 도움이 되는 프로그램이라며, 교수님들 워크숍에서 '청소년을 위한 생각정리 방법'이라는 주제로 3시간 동안 특강을 요청했다. 그리고 이 특강은 교수님들의 만족도가 매우 높아 콘텐츠의 가치를 확인할 수 있는 좋은 기회가 되었다.

레크리에이션 사회자 활동을 할 때도 초창기에 경험을 쌓기 위해 재능기부를 많이 했다. 친구들 결혼식과 돌잔치 사회는 내 몫이었다. 불러주는 곳이 있다면 어디든 달려갔다. 행사 선물을 직접 사들고 강원도까지 가서 레크리에이션을 하기도 했고, 군대 중대장님이 오랜만에 연락해 "우리 부대원들을 위해 레크리에이션을 해줄 수 있냐"고 했을 때 논산으로 바로 달려가기도 했다.

누가 시켜서 한 게 아니었다. 하고 싶었다. 좋았기 때문이다. 사람들에게 알고 있는 지식과 정보를 전하는 것이 나에게 가장 큰 행복이었다. 그리고 실력을 쌓고 싶었다. 돈을 주고서라도 무대에 설 수 있는 기회를 만들고 싶었다. 기회가 있어야 전할 수 있고 그 과정에서 실력이 향상된다는 걸 알고 있었기 때문이다. 레크리에이션 사회자로 빠르게 성장할 수 있었던 이유도 바로 재능기부 활동 덕분이었다.

✏ 꾸준히 재능기부를 한 결과 얻게 된 것들

자발적인 재능기부는 초창기 경력에 큰 도움이 되었다. 〈생각정리하는 방법〉이라는 콘텐츠를 전하는 활동을 하면서, 레크리에이션 사회자 일을 과감히 줄여 나갔다. 재능기부를 하다 보니 수입도 생기기 시작했다. 재능기부인데 어떻게 수입이 생기나 의문이 들 것이다. 나 역시도 처음부터 수익창출을 목적으로 재능기부를 한 것이 아니었다. 그런데 감사하게도 강의를 들은 분들이 주변에 소개를 해주셨고, 그것만으로도 감사한데 소개받은 곳에서 강의료까지 주셨다.

〈생각정리하는 방법〉 콘텐츠로 내가 처음 소개를 받은 곳은 유치원이었다. 학부모들을 대상으로 생각정리 주제에 대해 강의를 해달라는 요청이었다. 당시 하브루타 학습법과 질문형 학습법이 유행이었는데, 그 내용을 접목시켜 〈자녀를 위한 생각정리〉 특강을 하게 되었다.

새로운 주제의 콘텐츠로 강의하게 되면 콘텐츠를 치열하게 준비했다. 최소 일주일 전, 최대 한 달 전부터 자료를 조사하고 밤낮으로 연구하며 준비를 했다. 누가 시켜서도 아니었고, 돈을 주는 것도 아니었다. 단지 사람들에게 더 좋은 콘텐츠를 잘 전하고 싶은 마음이 컸다.

〈자녀를 위한 생각정리〉 학부모 특강은 반응이 뜨거웠다. 함께 강의를 들은 원장님은 이 강의를 유치원 선생님들 교육에도 소개해 주었고, 이후 선생님들이 그 지역의 유치원 원장님들을 또 소개해 주어 계속해서 릴레이 강의를 할 수 있었다.

이렇게 나는 작은 기회가 왔을 때 감사하게 생각하며 매 순간을 열심히 했다. 그러다 보니 나의 강의는 입소문을 타고 지역 도서관, 초·중·고 청소년 특강, 교회, NGO 단체와 연결되었고, 〈생각정리하는 방법〉을 강의할 수 있는 기회가 점차 늘어나기 시작했다.

훗날 돌이켜 생각해 보니, 지금 100명, 300명, 1,000명 앞에서 강의를 할 수 있는 힘은 재능기부를 통해 한 명 한 명을 만나며 강의를 했을 때 생겼다는 걸 깨닫게 되었다.

첫 시작은 누구든지 미숙하고, 완벽하지 않고, 어설프다. 당신이 알고 있는 콘텐츠 크리에이터들도 마찬가지일 것이다. 현재 인기와 영향력이 있는 모든 유튜버들도 시작은 구독자 0명이었다. 현재 유튜브에서 청산유수로 말을 잘하는 구독자 60만의 유튜버 JM도 첫 영상에서는 쑥스러워 얼굴을 노출하지 않았다. 하지만 지금의 그들이 존재하는 이유는 꾸준한 노력이 있었기 때문이 아닐까?

나에게 재능기부는 내 인생을 180도로 바꾼 나비효과(Butterfly effect)의 시작점이 되었다. 나비효과는 어느 한 곳에서 일어난 작은 나비의 날갯짓이 뉴욕에 태풍을 일으킬 수 있다는 이론이다. 콘텐츠 크리에이터에게 작은 날갯짓은 성실한 행동으로 시작된다. 유튜버라면 영상을 촬영하고 제작해서 성실하게 올리는 것, 작가라면 매일 시간을 정해두고 글을 써서 블로그와 브런치에 올리는 것, 강사라면 학습자를 만나 한 번이라도 교육을 더하는 것 등 이 모든 것들이 우리가 당장 실천할 수 있는 작은 날갯짓이다.

작은 일도 꾸준히 하다 보면 큰일이 올 때가 있다. 방향성을 잡아 나의 길에 목표를 설정하고 마음을 둔다면, 작은 생각과 성실한 행동이 모여 결국 원하는 목표에 도달할 수 있게 될 것이다. 목표에 다다랐을 때 비로소 처음의 시작이 작은 나비의 날갯짓이었음을 우리는 알게 될 것이다. 그 순간이 올 때까지 다음의 질문을 던지며 행동에 옮겨 나가자!

"콘텐츠를 위해
지금 당장 할 수 있는 행동은 무엇인가?"

05

노력의 결실,
공인강사 위촉!

✎～～ 생각정리의 필수도구, 디지털 마인드맵

생각정리를 못했던 내가 생각정리를 잘하게 될 수 있었던 가장 큰 이유는 디지털 마인드맵을 사용했기 때문이다. 당시 디지털 마인드맵인 알마인드를 가르쳐 주는 곳이 없다 보니 나는 도움말을 보며 독학으로 사용법을 익혔다(알마인드는 현재 서비스를 종료했다). 마우스와 키보드 사용법부터 단축키 등 다양한 기능을 하나하나 습득했다. 그리고 생각을 정리하고 싶은 주제가 있으면 디지털 마인드맵을 활용해 책과 강의에서 배운 생각정리 원리들을 적용해 보았다. 기획을 할때, 강의를 들을 때, 독서 내용을 정리할 때, 스피치를 할 때, 목표를 수립할 때, 하루 일과를 관리할 때, 고민이 있을 때 등 디지털 마인드맵은 없어서는 안 되는 생각정리 도구가 되었다.

시간이 지나자 내 머릿속에 신기한 일이 벌어졌다. 이제는 디지털 마인드맵이 없어도 생각이 구조적으로 그려졌다. 책을 볼 때 핵심 키워드가 한눈에 보이고 정보와 지식이 분류되어 체계적으로 정리되고 기억되었다. 예전에는 스피치 대본을 만들고 외우는데 시간이 한참 걸렸는데, 디지털 마인드맵을 활용하면서부터 빠르게 대본을 만들고 저절로 기억에 남았다. 흩어져 있는 정보를 모아 쓸모 있는 콘텐츠로 만들 수 있게 되었다. 말하기와 글쓰기, 생각정리를 못했던 내게는 기적과 같은 일이었다.

✎〰️ 대한민국 최초로 '알마인드 공인강사'가 되다!

어느 날, 감사한 마음을 전하고 싶어 알마인드를 개발한 이스트소프트에 전화를 걸었다. 당시 나는 대학교 3학년이었고, 휴학 중이었다.

> 복 : 안녕하세요. 저는 복주환이라고 합니다.
> 안내 : 네, 안녕하세요. 어떤 일로 연락하셨죠?
> 복 : 저는 알마인드를 사용하는 유저입니다. 혹시 알마인드를 개발하신 분과 연락이 가능할까요?
> 안내 : 무슨 일 때문에 그러시죠?
> 복 : 감사한 마음을 직접 전하고 싶고, 유저 입장에서 알마인드에 대한 좋은 아이디어가 있어서요.

다행히 안내 데스크에서 알마인드 개발팀으로 연결해줬다. 담당자는 나를 반갑게 맞아줬다. 당시 14만 명이 넘는 유저가 있었지만 이렇게 회사로 전화를 준 사람은 처음이라며 호감을 나타냈다. 15분 정도 짧은 통화를 했는데 알마인드에 대한 남다른 나의 열정을 느낀 담당자는 직접 만나서 대화를 나누고 싶다고 했다.

며칠 뒤, 담당자를 직접 만났다. 30분 정도 짧게 미팅할 예정이었으나 나와 대화를 나누며 무언가를 느꼈는지 담당자는 조퇴를 하고 무려 3시간 동안 이야기를 나눴다. 당시 대화를 나눴던 주제는 생각정리를 못했던 내가 어떻게 생각정리를 잘하게 됐는지, 알마인드를 직접 사용해 보니 장점이 무엇인지, 생각정리의 진정한 가치는 무엇인지에 대해 이야기를 나눴다. 담당자는 나에게 질문했다.

담당자 : 그런데 알마인드를 많은 사람들이 사용하지 않는 이유가 뭘까요?

복 : 알마인드는 좋은 프로그램입니다. 생각정리를 잘할 수 있게 되고 사용하면 할수록 머리도 좋아지죠. 하지만 치명적인 문제가 있습니다.

담당자 : 그 문제가 뭐죠?

개발자 입장에서는 알마인드가 쉬운 프로그램이라고 생각하겠지만 사용자에게는 어려운 프로그램일 수 있다. 그림판만큼 쉬운 도구이지만 마우스와 키보드의 기본 사용법을 알지 못하면 어렵다고 느낄 수 있다. 더 큰 문제는 도구를 사용한다 해도 생각정리의 원리를 알지 못하면 생각이 정리되지 않는다. 그래서 나는 독학으로 알마인드를 마스터하며 생각정리를 잘할 수 있는 매뉴얼, 즉 콘텐츠를 만들었다.

> **복** : 담당자님! 이 문제를 해결할 수 있습니다.
> **담당자** : 어떻게 해결할 수 있죠?
> **복** : 제가 직접 가르치면 어떨까요?

나는 이미 친구, 선후배, 교수님들에게까지 알마인드 사용법을 교육하고 있었다. 물론 공식적인 강의는 아니었지만 나에게 알마인드 사용법을 질문하는 사람이 있으면 최선을 다해 알려줬다. 어떻게 하면 유저 입장에서 빠르고 쉽게 잘 활용할 수 있을까? 전문가처럼 활용할 수 있는 노하우는 무엇인가? 이런 고민을 하며 알마인드 개발자가 아닌 사용자 입장의 매뉴얼을 직접 만들었다. 그 과정에서 [F1]을 누르면 나오는 알마인드 도움말의 오류도 여러 개 발견했다. 오류까지 발견할 정도의 꼼꼼함과 '생각정리'에 대한 나의 열정에 감동한 담당자는 제안을 승낙했다.

"제가 그 자리를 마련해 보죠."

2014년 12월 24일 프로그램 개발자와 마인드맵 전문가 등을 초청해 〈복주환의 알마인드 특강〉이 최초로 열렸다. 2시간 동안 진행된 교육에서 나는 단순히 사용법만 교육하지 않았다. 생각을 정리할 수 있는 원리와 그동안 직접 실천해 왔던 생각정리 사례를 보여줬다. 무엇보다도 생각정리의 필요성과 가치를 전했다.

　　"알마인드가 실행될 때 알마인드 슬로건이 나오는데 보신 적 있나요? '전 국민 지능 업그레이드!' 저는 이 슬로건을 볼 때마다 가슴이 두근거렸습니다. 마치 제가 해야 할 일이라고 느꼈기 때문입니다. 저는 전 국민이 생각정리를 잘할 수 있도록 돕는 강사가 되고 싶습니다. 생각정리가 필요할 때면 언제든지 복주환을 찾아주세요. 감사합니다!"

　　공식적인 첫 강의에서 평가 점수는 무려 10점 만점 중 9.7점이 나왔다. 첫 교육을 무사히 마치고 단체사진을 찍고 있었다. 그때 알마인드 담당자가 무언가 가지고 오더니 깜짝 선물을 주었다. 〈(주)이스트소프트 국내 1호 알마인드 공인강사 위촉증〉이었다. 국내 최초로 알마인드 공인강사라는 직업이 만들어진 것이다.

　　이러한 경험을 통해 문제를 해결하려는 자세와 열정이 있다면, 비록 아직 대학생일지라도 대기업을 설득해 낼 수 있다는 사실을 알게 되었다.

06

들이대며 성장하는
콘텐츠 크리에이터

✒ ___ 자격은 주어도 강의는 못 준다고?

알마인드 공인강사 위촉을 받았지만 이걸로 당장 할 수 있는 게 없
었다. 왜냐하면 위촉을 해준 것이지 회사에 취직을 한 것이 아니었기
때문이다. 알마인드 공인강사로 활동할 수 있는 기회는 스스로 만들
어야만 했다. 위촉증만 바라보고 있을 수는 없었다. 불러주는 사람이
없다면 둘 중 하나를 해보기로 했다. 내가 직접 찾아 가던지 아니면
직접 강좌를 만들던지….

　일단 당시 하고 있던 레크리에이션 사회자 활동은 접기로 마음 먹
었다. 대학생 치고는 꽤 괜찮은 수입이었지만, 생각정리 강사가 되
기 위해서는 그동안 만들어왔던 레크리에이션 사회자의 이미지는 버
리고 '생각정리' 하나에만 집중해 강의를 해야겠다는 생각이 들었다.

레크리에이션이라는 직업을 사랑했지만, 고객 입장에서 레크리에이션 사회자로 활동했던 사람이 '생각정리'를 가르친다면 이미지가 맞지 않을 것 같았다. 방송, 연극, 뮤지컬 배우로 활동했던 이력도 지웠다. 생각정리 강사로서의 이미지를 구축하기 위해 어울리지 않는 모든 이력을 버리기로 했다. 당시 나의 명함에는 하나의 슬로건만 적혀 있었다.

'국내 1호 알마인드 공인강사 복주환'

직장인이었다면 잘나가는 회사에서 퇴사를 한 것이나 다름이 없는 상황이었다. 돌이켜 생각해 보면 과감하게 레크리에이션을 버리고 새롭게 시작한 게 무모하긴 했지만 생각정리 강사로 방향을 잡는데는 큰 도움이 되었다. 레크리에이션 실력도 인정을 받았지만 만일 과거에 사로잡혀 있었다면 〈생각정리스킬〉을 만들어 가는데 집중하지 못했을 것이다. 과거 5년 동안의 이력보다 앞으로 펼쳐질 새로운 미래가 나에게 더 중요했다. 내가 진짜로 하고 싶었던 것은 레크리에이션 그 이상의 것이었다. 말 한마디로 사람들을 웃기고 울리는 일을 넘어, 사람들의 생각과 마음을 변화시키는 진짜 레크리에이션을 하고 싶었다. 그렇게 제로베이스에서 모든 걸 새롭게 시작하기로 마음을 먹었다.

알마인드 공인강사 자격을 가지고 도대체 어디서 강의를 해야 할까?
당시 내 주변에는 기업교육 강사나 전문 강사로 활동하는 사람이 없
었다. 책에서도 정보를 얻을 수 없었기에 인터넷을 활용해 정보를 검
색했다. 다행히 정보의 바다에는 강의를 할 수 있는 많은 사이트들이
잘 정리되어 있었다.

"러너코리아, 파인드강사, 디큐브아카데미, 마이크임팩트, …"

그런데 홈페이지에 들어가 내용을 살펴보고 드는 생각은 '아! 드디
어 이곳에서 강사로 활동할 수 있겠구나!' '드디어 강의를 할 수 있구
나!'가 아니었다. 오히려 절망에 가까웠다. 수만 명의 강사들이 줄을
서 있었고, 인기 강사들의 이력은 화려했다. 고학력, 수없이 많은 강
의 경력, 방송 출연, 수상 경력 등. 이 사람들 속에서 나를 어떻게 어
필하지? 내가 과연 이곳에서 살아남을 수 있을까? 한 가지 방법은 있
었다. 비용을 지불하고 홈페이지에 유료광고를 하는 것이었다. 하지
만 홍보를 한다고 해도 과연 나를 찾아 줄까?

연극, 뮤지컬, 방송 진행자, 레크리에이션 사회자를 했을 때도 항상
불안했던 것은 나를 불러줄 때까지 막연히 기다리는 것이었다. 아무
리 준비가 되어 있어도 불러주지 않았고, 시간이 흐를수록 불안감은
더 커졌다. 나는 늘 다른 사람이 불러줄 때까지 기다려야만 하는 존
재란 말인가. 이는 프리랜서로 활동하는 모든 사람들의 공통된 고민

일 것이다.

그런데 교육시장도 마찬가지였다. 어쩌면 진입장벽이 더 높아보였다. 누구나 도전할 수 있지만 아무나 살아남을 수 없는 치열한 경쟁의 현장이었다. 그러나 여기서 포기할 수는 없었다. 나는 사람들에게 생각정리의 힘과 내가 만든 콘텐츠를 전하고 싶었다. 1~2년 동안 비공식 강의활동을 통해 '생각정리' 콘텐츠의 가치를 확신하고 있었기 때문에 결코 포기할 수 없었다.

'그래! 다른 길을 찾아보자!'

바로 교육영업이었다. 영업을 내가 먼저 하면 된다. 가만히 있어도 나에게 연락이 오는 '인바운드'가 아니라, 내가 먼저 '아웃바운드' 영업을 하면 된다. 어찌보면 자존심이 상하기도 하지만 언제까지 기다릴 수만은 없었다. 그래서 직접 몸으로 부딪히고 발로 뛰는 영업을 시작하기로 굳게 마음 먹었다. 영업을 해본 경험도 없었고, 콘텐츠를 영업하는 방법도 배운 적이 없었기 때문에 두려움이 앞섰다. 그래서 내가 내린 결론은 일단, 무작정 들이대 보기로 했다.

✒ 콘텐츠 영업 1. 백화점 문화센터

백화점 문화센터에서도 강의를 할 수 있다는 것을 알게 되었다. 우선 백화점 강의를 뚫어야겠다는 생각이 들었다. 일단, 집 근처에 있는 백화점 문화센터 10곳의 연락처를 알아내 하나하나 전화를 걸었다.

복 : 여보세요? 복주환 강사라고 합니다.

안내 : 네. 안녕하세요. 무슨 일이시죠?

복 : 백화점 문화센터에서 하반기 교육이 진행되는 걸로 알고 있는데요. 강사로 함께하고 싶습니다.

안내 : 어떤 강의를 하시죠?

복 : 네. 저는 '알마인드'라는 주제로 강의를 합니다.

안내 : 알마인드요? 그게 뭐죠?

복 : (3분 동안 알마인드에 대해 열정적으로 주저리 주저리)

안내 : 아, 그렇군요. 담당자님이 지금 외근 중이시거든요. 돌아오시면 강사님께 연락드리라고 전하겠습니다.

일주일 동안 연락을 기다렸다. 답이 오지 않았다. 조심스럽게 다시 전화를 걸었다.

복 : 안녕하세요. 지난 주 연락드렸던 복주환 강사입니다.

안내 : 아… 안녕하세요.

복 : 혹시 외근 중이셨던 담당자님 돌아오셨나요?

안내 : 아… (잠시 멈춤) 담당자님께서 오늘도 외근 중이시거든요. 돌아오시면 강사님께 연락드리라고 할게요.

복 : 네. 잘 부탁드립니다! 감사합니다!

또 일주일 동안 연락을 기다렸다. 답이 오지 않았다. 조심스럽게 다시 전화를 걸었다. 담당자는 또 외근 중이었다. 그때서야 깨달았다. 외근 중이라는 말은 나를 거절한다는 의미라는 걸….

✒ 콘텐츠 영업 2. 신문사 문화센터

여기에서 포기할 수는 없었다. 어떻게 해서든 강의를 할 수 있는 기회를 만들고 싶었다. 내 콘텐츠의 가치는 강의를 듣는 사람만이 알 수 있기 때문이다. 백화점 문화센터에서 할 수 없다면 신문사 문화센터에 가보자. 전략을 바꿨다. 전화를 걸자마자 이렇게 말했다.

> **복** : 안녕하세요. 복주환 대표입니다.
> (강사라는 호칭을 쓰지 않았고 좀 더 있어 보이게 대표라고 했다.)
> 혹시 문화센터 원장님 좀 바꿔주실 수 있나요?
> (담당자가 아니라 원장님을 설득하는 게 더 빠르다는 생각을 했다.)
> **담당자** : 네, 혹시 어떤 용무로?
> **복** : 강의 관련해서 원장님을 찾아뵙고, OO문화센터에 기여할 수 있는 아이디어와 교육의 트렌드에 대해 '중요하게' 드릴 말씀이 있습니다.
> **담당자** : 간단히 어떤 내용인지 말씀해 주시겠어요?
> **복** : (3분 동안 알마인드에 대해 열정적으로 주저리 주저리)

나의 열정을 느낀 담당자는 문화센터 원장님을 연결해 줬고, 원장님은 교육에 대해 직접 만나서 들어보고 싶다고 했다. 원장님과 만나기 전까지 준비를 단단히 했다. 시간과 상황에 따라 대응할 수 있도록 2시간 내용을 1시간으로 줄였다. 1시간 내용은 또 다시 15분으로 줄였다. 15분 내용을 3분으로 줄여서 브리핑을 준비했다.

원장님을 만났다. 명함을 건네받으며 본격적으로 미팅이 시작됐다. 생각보다 젊은 강사라고 놀라워 하시며, 어떤 교육을 어떻게 풀어나갈지 궁금해 했다. 당시 나는 알마인드 교육을 적극적으로 밀고 있는 상황이었는데, 디지털 마인드맵이 어떤 도구인지 관심을 보이셨다.

나는 결론부터 말했다. 딱 3분 동안, 브리핑을 했다.

"무엇이 필요한지, 누구에게 왜 필요한지,
어떻게 배울 수 있는지."

그러자 원장님은 설명을 더 듣고 싶어 했다.
나는 본론을 말했다. 딱 15분 동안, 좀 더 풀어서 브리핑을 했다.

"무엇이 필요한지, 누구에게 왜 필요한지, 어떻게 배울 수 있는지."

그러자 원장님은 나에게 개인 수업을 부탁했다.
나는 기회를 잡았다. 딱 1시간 동안, 그 자리에서 미니 특강을 했다.

원장님은 수업 내용에 대해 매우 만족해 했다. 생각정리는 모든 사람에게 필요한 수업이라며 나에게 말했다.

"복주환 대표님,
몇 회 정도 수업을 개설하면 될까요?"

미팅 결과는 대성공이었다. 복주환의 〈알마인드 교육〉 수업이 3회 프로그램으로 개설되었고, 성황리에 수업이 진행되었다. 이런 방식으로 다른 문화센터나 기관의 대표를 만나 여러 차례 수업이 개설되었다.

07

기회의 문을 두드리는 사람이
똑똑한 사람이다

✎＿＿ **콘텐츠 영업 3. 디자인 아카데미**

한 번은 디자인 아카데미에 간 적이 있다. 이번에도 전화를 걸어 대
표님을 직접 만나 뵙고 싶다고 했다. 경험이 쌓이다 보니 짧은 통화
만으로도 미팅 성공률은 점점 높아졌다. 그렇게 유명 디자인 아카데
미 대표님을 만날 수 있었다. 대표님은 교육에 대해 흥미를 보였지만
한 가지 의문이 있다고 했다.

> "우리는 디자인 아카데미입니다.
> 생각정리 교육이 왜 필요하죠?"

생각정리는 논리적이고 이성적인 측면의 교육인데, 디자인은 창의

생각정리기획력

적이고 감성적인 측면의 교육이라는 것이다. 그동안 생각정리와 같은 수업은 진행하지 않았는데, 과연 현업 디자이너들이 관심을 가질지 의문이라고 했다. 나는 디자이너들이야말로 생각정리가 필요하다고 강조했다.

> **복** : 디자인은 어디부터 시작이 되죠? 아이디어, 즉 생각부터 시작됩니다. 어떤 디자인을 하기 전에 가장 먼저 해야 하는 것이 바로 생각정리입니다. 누구를 위해, 무엇을, 왜, 어떻게 디자인할지 생각부터 정리하는 방법을 배운다면 더 좋은 디자인이 나오지 않을까요?
>
> **대표** : 복 대표님 말씀도 일리가 있네요.
>
> **복** : 디자인은 혼자 하는 것이 아닌 클라이언트와 함께하는 작업입니다. 아무리 좋은 아이디어가 있어도 다른 사람에게 전달하지 못한다면 무용지물이 될 수 있겠죠. 이때 제 교육을 들으면 생각을 논리적이고 체계적으로 전달할 수 있는 스킬이 생기게 됩니다. 아마도 생각정리를 잘할 수 있는 방법에 대해 고민하고 필요로 하는 디자이너가 많이 있을 겁니다.

결과는 어땠을까? 디자인 아카데미에서 열린 〈디자이너를 위한 생각정리 방법〉의 이틀간 수업은 50명 만석이었다. 이는 감성으로 대표되는 직업인 디자이너들 역시도, 논리적으로 생각하고 말하는 방법에 대한 고민과 갈증이 있었다는 것을 반증하는 것이 아닐까?

결국은 설득이다

이렇게 나는 강의를 만들기 위해 직접 몸으로 부딪히며 영업을 했다. 그 과정에서 대상에 따라 생각정리를 배워야 하는 이유를 구체적으로 정리해 갔다. 누군가를 설득할 때 논리가 허술하다고 느껴지면 근거자료를 찾았다. 그렇게 콘텐츠는 성장했고, 정체성은 점점 더 분명해졌다.

콘텐츠 크리에이터가 하는 모든 일은 결국 설득이다. 우리의 콘텐츠가 누군가에게 전달되는 과정에서 사람들은 끊임없이 질문을 할 것이다.

> "당신의 콘텐츠는 무엇인지?
> 왜 필요한지? 어떻게 하는 것인지?"

콘텐츠 크리에이터는 여기에 논리적으로 답할 수 있어야 한다. 콘텐츠를 접하는 대상이 직장인이라면 직장인들에게 맞는 논리로, 초등학생이라면 초등학생에게 맞는 논리로, 학부모라면 학부모에게 필요한 논리를 만들어 설득할 수 있어야 한다.

누군가를 설득하는 일은 쉽지 않지만 분명한 사실은 누군가가 설득되는 과정에서 콘텐츠는 더 단단하고 견고하게 성장하게 된다. 내가 책을 쓰고, 이러닝을 만들고, 방송에 출연했던 것들도 결국 내가 만든 콘텐츠를 더 많은 사람들에게 설득하기 위한 일련의 과정이었다.

처음에는 엉성하고 무모하기도 했다. 치이고 부딪히고의 연속이었다. 하지만 더 많은 사람들을 만나고, 논리를 다듬는 과정에서 근거가 많아지고 쌓이게 되었다. 콘텐츠의 논리가 단단해지고 깊어지다 보니 내가 하는 교육에 대해서는 누구를 만나도 설득할 수 있게 되었다.

이처럼 내가 자신 있게 강의를 할 수 있었던 이유는 생각정리 분야만큼은 누구를 만나도 설득할 수 있을 만큼 치열한 준비를 했기 때문이다. 크리에이터에게 가장 큰 기쁨은 누군가에게 나의 콘텐츠를 인정받는 것이고, 그때의 성취감은 말로 다할 수 없다.

하지만 인정받는 순간은 오랜 시간에 걸쳐 수천 명의 사람들을 설득한 이후에야 찾아온다. 그때까지 우리는 직접 몸으로 부딪히고, 깨닫고, 다시 준비하는 수밖에 없다. 결국 설득은 콘텐츠 크리에이터의 피할 수 없는 숙명이다.

똑똑한 사람은 많다. 그러나 똑똑 문을 두드리는 사람은 많지 않다. 이 시대에서 진정 똑똑한 사람은 문을 똑똑 두들겨 나만의 길을 만들고, 퍼스널브랜딩을 할 수 있는 사람이다.

08

3분 동안 콘텐츠를
어필하는 방법

✏️ __3분 스피치__

콘텐츠 크리에이터로 활동하다 보면 짧은 시간 동안 누군가 설득해야하는 상황들이 많이 생긴다. 이때 어떻게 하면 콘텐츠를 명쾌하게 전달할 수 있을까? 3분 스피치를 해보자. 3분 스피치는 앞서 살펴봤던 〈콘텐츠 기획서〉를 잘 정리하는 것에서부터 출발한다.

생각정리클래스의 〈생각정리기획력〉 과정에서는 콘텐츠 기획서가어느 정도 만들어지면 수강생들과 3분 스피치를 한다. 3분은 결코 짧지 않은 시간이다. 우리가 듣는 음악도 3분 안에 기, 승, 전, 결의 흐름으로 감동을 주지 않는가? 3분 스피치를 하기 위해 2인 1조로 짝을만들고 가위 바위 보를 해 이긴 사람이 먼저 스피치를 한다. 3분이 지나면 피드백을 해주고 역할을 바꿔 스피치를 한다. 이때 세 가지 규칙이 있다.

첫째, 시간 엄수! 스피치를 하는 사람은 주어진 3분을 정확히 지켜야 한다. 예를 들어 2분 30초에서 끝나면 30초 분량의 내용이 부족한 것으로 간주한다. 시간이 남을 때는 콘텐츠에 대한 질의응답을 한다.

둘째, 핵심 전달! 3분을 초과하면 요약이 덜 된 것으로 본다. 3분이 되면 발표를 마친다. 주어진 시간에 말을 다하지 못한 사람은 아쉬워한다. 말은 늘리는 것보다 줄이는 것이 더 어렵다는 것도 느낀다.

셋째, 비판 금지! 듣는 사람은 비판하지 않고 경청하는 자세로 들어야 한다. 발표자가 스피치를 마치면 들으면서 좋았던 점을 칭찬해 준다. 기획단계에서 비판을 받는다면 시작도 하기 전에 자신감이 떨어질 수 있다. 발표자의 콘텐츠에 대해 좋은 아이디어가 있으면 공유하고 지지해 준다.

✏️ 3분 스피치를 함께 해야 하는 이유

기획서는 혼자서 작성하더라도 스피치는 함께 한다. 혼자만의 세계에 갇히지 않기 위해서다. 콘텐츠는 완성되기 전까지 실체가 명확히 보이지 않지만 다른 사람에게 아이디어를 설명하다 보면 콘텐츠가 객관적이고 논리적으로 다듬어지게 된다. 이때 나 자신을 설득할 수 있으면 타인을 설득할 수 있고, 3명을 설득하면 10명을 설득할 수 있으며, 10명을 설득하면 100명도 설득할 수 있다는 게 나의 지론이다. 우리 과정에서는 총 3명에게 3분씩 스피치를 하게 한다. 총 3명에게 스피치를 마쳤으면 이어서 1대 다수의 스피치를 한다. 한 사람이 5명 정도 앞에서 스피치를 해보는 것이다. 그리고 이렇게 다른 사람과 스피치를 할 때 포인트는 세 가지다.

> 결론부터 말하자! 그래야, 명쾌하다고 느낀다.
> 풀어서 설명하자! 그래야, 쉽게 이해된다.
> What, Why, How 순서로 말하자! 그래야, 논리적으로 전달된다.

《생각정리스피치》 출간기획서를 예시로 어떻게 스피치를 하는지 살펴보자. 내용과 해설을 보며 스피치 방법을 터득하길 바란다. 그 다음 당신의 기획서를 스피치 대본 삼아 3분 동안 스피치를 해보자. 만약 혼자라면 상대가 있다고 상상하면서 연습해 보길 바란다. 말은 많이 한다고 잘하는 게 아니다. 할 말을 정확히 하는 게 잘하는 것이다!

		《생각정리스피치》 출간기획서 3분 스피치를 하는 방법
		①지금부터《생각정리스피치》출간기획서에 대해 요약한 내용을 3분 동안 전달해 드리겠습니다.
<What> 한마디로 무엇인가?	분야	②분야는 스피치/화술입니다.
	제목(부제)	③ 책 제목은《생각정리스피치》입니다. 한마디로 스피치를 할 때 생각정리를 잘할 수 있는 방법이죠. 우리 주변에 보면, 말은 잘하는 데 글은 잘 못 쓰고 글은 못 쓰는 데 말을 잘하는 분들 있죠? 어떻게 하면 그 문제를 해결할 수 있을까 솔루션을 담았습니다. 그래서 책의 부제는 '말하기와 글쓰기를 동시에 잡는 방법'입니다.
	컨셉 (차별화 전략)	④ 기존 스피치 책은 다음 3가지 문제가 있습니다. 1. 스피치 표현법을 지나치게 강조한다. 2. 스피치 대본 사례가 올드하다. (오바마, 잡스 연설문 등) 3. 스피치 대본 만드는 방법을 다루지 않는다. 이 문제를 해결하기 위해서 3가지를 중점적으로 책을 썼습니다. 1. 스피치 표현법이 아닌 생각정리법을 강조한다. 2. 대한민국 스타강사들의 스피치 대본을 최초로 분석한다. 3. 생각정리스킬을 활용한 스피치 대본 만들기 비법을 소개한다.
<Why> 어떤 문제가 있으며 누구에게 왜 필요한가?	예상독자	⑤ 이 책은 다음과 같은 분들에게 도움이 됩니다. 1. 머릿속에 생각은 많은데 말로 표현이 되지 않는 분들 2. 논리적으로 생각하고 말하는 방법을 알고 싶은 분들 3. 스피치 대본 만드는 방법을 구체적으로 알고 싶은 분들 한마디로 말은 잘하고 싶은데 생각정리가 안 되거나, 잘하고 싶은 분들이 읽으면 도움이 되는 책이죠. 저는 기업교육 출강을 하면서 수많은 직장인들이 머릿속에 있는 생각을 정리해 말하는 것을 어려워한다는 걸 알게 되었습니다. 직장인뿐만 아니라, 리포트 발표를 해야 하는 대학생(청소년), 전문강사 분들께도 도움이 됩니다.
	출간배경	⑥ 제가 이 책을 집필하게 된 이유는 그동안 스피치에 대한 우리의 착각은 표현법을 훈련하면 말까지 잘할 수 있다고 믿는 것이었습니다. 발음 연습을 열심히 하면 발음이 좋아지고, 목소리 훈련을 열심히 하면 목소리가 좋아질 뿐이죠. 발음, 발성, 목소리는 스피치에 있어서 충분조건이 아닌 필요조건입니다. 그럼에도 불구하고 스피치 관련 도서는 대부분 표현법 위주의 책이며 스피치 내용 작성법(대본 제작)과 관련된 책은 거의 없습니다. 또 기존 스피치 도서에서는 아브라함 링컨, 스티브 잡스와 같은 명 연설문을 사례로 사용하고 있습니다. 현대인들과 맞지 않은 사례였죠. 이러한 문제를 해결하기 위해 이 책을 썼습니다.

<How> 어떻게 해결할 것인가?	가 목차	⑦ 책의 내용은 총5장으로 구성되었습니다. 1장에서 스피치에 있어서 생각정리가 왜 필요한지 설명하고 2장 서론 3장 본론과 결론을 말한 뒤 4장에서 스피치 자료를 찾는 방법을 설명합니다. 그다음 5장에서 스피치를 준비하는 모든 프로세스를 보여주며 마무리합니다.
	출 간 일	⑧ 책은 2018년 1월 출간하기를 원합니다. 판매율이 높을 것이라 예상됩니다.(주장) 자기계발과 스피치에 관심이 높은 시기이기 때문입니다.(이유) 뉴스기사에서 연초에 스피치에 관심이 높다는 통계가 있습니다.(근거)
	홍보전략	⑨ 출간 이후 다양한 방법으로 책 홍보를 할 것입니다. 직접 발로 뛰며 독자를 만날 것입니다. 주 3~4회 이상 강연회와 기업 교육에 출강할 예정이며 SNS 홍보 및 방송 출연 등을 적극적으로 할 것입니다.

⑩ 지금까지 《생각정리스피치》 출간기획서에 대해 3분 동안 내용을 전달해 드렸습니다. 혹시 질문이 있으신가요?

①에 대한 해설 → 무슨 말을 하려고 하는지, 몇 분 동안 말할 것인지 미리 이야기한다면 상대방은 주어진 시간 동안 집중해서 들을 준비를 하게 된다.

②③에 대한 해설 → 분야와 제목, 부제 순으로 말하며 상대의 머릿속에 큰 그림을 그려주면 이해가 높아진다. 이때 '한마디'로 '3가지'처럼 요약하는 단어를 사용하면 상대는 명쾌하다는 느낌을 얻는다.

④에 대한 해설 → 도입부에서 문제와 해결책을 미리 제시하는 동시에 기존의 책과 차별화를 강조한다. 이는 Why에 해당하는 내용이기도 한데, 결론부터 말하기 위해 What에 컨셉 항목을 배치했다.

⑤⑥에 대한 해설 → 누구에게 왜 필요한지 근거와 타당성을 구체적으로 제시해야 한다. 기획에 있어 '고객'은 문제를 가지고 있는 주체다. 기획은 고객이 가진 문제를 해결하는 것이다. 따라서 고객의 중심에서 문제와 해결책을 제시할 때 설득력이 높아진다.

⑦에 대한 해설 → 줄거리를 설명할 때는 단순나열지 말고 스토리와 흐름을 만들어 설명한다.

⑧에 대한 해설 → 주장을 했으면 이유와 근거를 말해야 설득력이 높아진다.

⑨에 대한 해설 → 적극적으로 홍보할 수 있는 구체적인 계획과 방법을 상세하게 말한다.

⑩에 대한 해설 → 3분 시간에 맞춰 스피치를 깔끔하게 전달하고 질의응답을 한다.

3장

콘텐츠는
이렇게
성장한다!

01

잘 만든 콘텐츠가
진짜 경쟁력이다

프리랜서 강사에 도전하는 많은 사람들이 처음에 가장 많이 하는 것
이 바로 자격증 취득이다. 강사 과정을 일정 시간 수료하면 자격증이
나온다. 그런데 강사 자격증이 있으면 강사로 인정받아 활동을 할 수
있을까? 자격증이 많으면 기업교육에서 선택받을 확률이 높아질까?

　나에게도 여러 자격증이 있다. 레크리에이션, 웃음치료, 놀이치료
그리고 워드프로세서 1급…. 나이, 학력, 경력이 없는 상태에서 강의
를 시작한 나는 어떤 자격이 있어야 강의를 할 수 있을까 하고 고민
을 많이 했다. 그런데 관련 교육을 받고 자격증 혹은 수료증을 받았
다고 강의를 할 수 있을까? 내 경험과 현장에서 활동하는 강사들을
보면 자격증 취득은 큰 혜택이 있는 것 같지는 않다.

　반면 학력의 경우는 기업교육 강사로 활동할 때 어느 정도 중요한
부분이다. 대한민국은 학벌 중심 사회이다 보니 관련 분야의 학위나

대학원 석사학위 등으로 그 사람의 실력을 어느 정도 가늠하기 때문이다. 하지만 학력이 부족하다고 해서 강사가 되지 못하는 것은 아니다. 지금 시대는 지식과 실력을 키울 수 있는 방법이 대학·대학원 말고도 많다. 학력을 뛰어 넘는 전문성을 보유하고 있다면 실력을 인정받을 수 있다.

강의를 하고 싶어서 강사 에이전시 사이트에 들어가 다른 강사 분들의 프로필을 봤다. 고학력, 수없이 많은 강의 경력, 방송 출연, 수상 경력을 보다 보니 과연 내가 이 시장에서 살아남을 수 있을까 하는 두려움이 생겼다. 이 난관을 어떻게 하면 극복할 수 있을까? 강의 초창기에 끊임없이 고민했다. 그리고 여기서 내가 내린 결론은 선택받을 때까지 기다리지 말고, 내가 판을 만들 수 있는 방법을 찾아야 한다는 것이었다. 언제까지 기다리고 있을 수만은 없었다.

그러다 온오프믹스라는 사이트를 발견했다. 당시 오픈한지 얼마 되지 않은 사이트였는데, 화면 자체가 기존 강사 플랫폼과는 차이가 있었다. 기존 강의업계 홈페이지는 강사 프로필이 올라와 있고 교육 담당자가 선택하는 구조였다면, 온오프믹스는 강사 프로필이 아닌 강의 콘텐츠를 홍보할 수 있는 공간이었다. 한마디로 콘텐츠 중심의 플랫폼이었다. 진행되는 강의·강연·모임이 많이 있었고 참여하는 사람들도 많았다. 무료로 강의를 오픈할 수 있으니 시험 삼아 한 번 해보자 생각하며 콘텐츠를 올려봤다.

강의 관련 사이트 화면 비교

강사 중심의 커넥트밸류 홈페이지

콘텐츠 중심의 온오프믹스 홈페이지

 콘텐츠 중심의 강연/모임 플랫폼에 홍보를 시작하다

처음 올렸던 강의는 〈디지털 마인드맵 알마인드 1DAY 특강〉이었다. 나는 생각했다. 내가 국내 1호 알마인드 공인강사이고, 현재 이걸 가르치는 사람이 없으니 많은 사람들이 찾아오겠지? 디지털 마인드맵은 혁신적인 생각정리 도구니까 많은 사람들이 관심을 갖겠지? 비용은 다른 모임처럼 1만원으로 책정하고, 모객 기간은 한 달로 잡았다. 최소 30명은 참여하겠지 생각하며 기쁜 마음으로 기다렸는데 결과는 처참했다. 3명이 신청했다. 스터디룸 대관비용이 있다 보니 마이너스였다.

하지만 멀리서 찾아온 3명의 학습자를 위해 최선을 다해 강의했다.

다행히 만족도는 높았다. 그런데 왜 사람들이 오지 않았을까? 문제를 분석했다. 결론은 고객의 니즈를 생각하지 않고 제목을 정했기 때문이었다. 나는 콘텐츠 제목부터 다시 생각해 보기 시작했다.

사람들이 과연 알마인드를 알까?

알마인드는 처음 듣는 말이겠지?

설령 알마인드가 업무, 일상, 학업에 도움이 된다고 하더라도

알마인드를 모르는데 내 콘텐츠에 관심을 가질까?

홍보 포스터 이미지에도 문제가 있었다. 이스트소프트 홈페이지에 있는 알마인드 홍보 포스터를 그대로 올리며, 그 아래에 일시·장소·커리큘럼만 간단히 적어 올렸다. 그러니 아무리 봐도 고객 입장에서

<알마인드 1DAY 특강> 이미지 포스터

볼 때 성의가 없어 보였다. 그럼에도 불구하고 신청해 주신 분들이 있었다. 감사할 일이고, 가능성이 있다고 생각했다.

어떻게 해야 할까? 온오프믹스 플랫폼을 연구하기 시작했다. 하루 종일 사이트를 분석했다. 인기 강좌는 무엇이 다른지, 어떤 제목을 사용하며 포스터는 어떻게 디자인하는지, 반대로 나처럼 안 되는 콘텐츠는 왜 안 되는지 등 사이트를 관찰하다 보니 가장 먼저 해야 할 일이 생각났다.

콘텐츠 이름을 다시 만들자.

포스터도 다시 만들자.

이름은 뭐라고 할까?

알마인드 말고, 디지털 마인드맵으로 하자.

생각정리의 기술은 식상한 느낌이니까 트렌디한 느낌으로 씽킹의 기술.

'디지털 마인드맵 씽킹의 기술'

색상은 눈에 잘 띄게 노란색으로 디자인하자!

초등학교 때 배운 포토샵으로 눈에 잘 띄는 노란색으로 디자인해 온오프믹스에 등록을 하고 한 달을 기다렸다.

결과는 성공적이었다. 처음 3명에서 5배나 많은 15명이 신청했다. 물론 내가 기대했던 30명에는 못미쳤다. 이름도 바꾸고 포스터도 다시 잘 만들었는데 왜 사람들이 신청하지 않은 걸까? 평일에 교육이 진행되어 그런 걸까? 1만원도 비싸다고 생각하는 걸까? 많은 생각이 들었다.

　연구하는 차원에서 6개월 정도 더 과정을 진행해 보기로 했다. 온
오프믹스에는 과정을 올리는 개수의 제한이 없었다. 그래서 평일반,
토요반, 일요반 등을 만들었고 한 달에 6번 이상의 공개특강을 올렸
다. 노출이 많아지자 다행히 관심을 갖는 사람들이 많아졌다. 차츰차
츰 인원이 늘더니 매회 평균 20명 정도가 신청을 했다. 또 공개특강
에서 만족한 분들을 대상으로 20만원의 정규과정을 진행했는데, 매
월 20명씩 6번의 공개특강을 통해 최소 30명이 정규과정에 참여를
했다. 수입은 다행히 계속해서 늘어났다.

　하지만 당장 돈을 벌고 있다는 것에 대한 기쁨보다는 불안이 더 컸
다. 모객이 계속 잘된다는 보장이 없었기 때문이다. 게다가 공개특강
에서 강의에 만족하지 않으면 정규과정에 신청하는 사람이 적었다.
보통 20명이 공개특강에 참여할 경우 3~5명 정도가 정규과정을 신

청하는데, 당연히 20배가 넘는 비용을 지불하며 들을 만한 가치가 있는지는 아무래도 공개특강에서의 강의 능력이 중요했다.

그런데 교육을 진행해 보니 참석자 분들의 성향 등 분위기가 나의 생각과 차이가 있었다. 나는 20~30대 직장인들에게 필요한 교육이라고 생각했는데, 교육에 오신 분들은 대부분 40~50대 직장인이었다. 그들은 전문적인 생각정리 방법을 배우고 싶어 했고 대부분 수업에 만족했다. 하지만 분명 내가 바랐던 수업은 쉽고 재미있고 친숙한 이미지였다. 내가 생각했던 콘텐츠의 이미지와 학습자의 컨셉이 다른 이유는 무엇일까? 여러 가지 이유 등을 분석해 봤더니 제목과 포스터 디자인에서 풍기는 전문적인 느낌 때문인 거 같았다.

다시 한 번 포스터의 컨셉을 바꾸려고 고민하고 있는데, 주위에서는 반대를 했다. 이제 막 알려지기 시작했고 나름대로 성공한 포스터인데, 이대로 진행하는 것이 좋겠다는 것이다. 하지만 나는 수강생의 대상층을 바꾸기 위해서는 디자인을 바꿔야 한다는 생각히 확고했다. 뿐만 아니라 제목도 다시 만들기로 마음 먹었다. 그동안 몇 번의 시행착오를 통해 웹페이지에서의 포스터 이미지는 구성원을 바꿀 수 있는 힘이 있고, 사람을 불러 모으는 힘이 있다는 걸 알고 있었기 때문이다.

〈알마인드 교육과정〉이라고 했을 때는 단 3명이 왔는데 〈디지털 마인드맵 씽킹의 기술〉이라고 제목과 포스터를 바꾸자 15명이 오지 않았는가? 더 많은 사람을 불러 모을 수 있는 방법은 간단했다. 제목과 포스터를 과감하게 바꾸는 것이다. 본질을 다시 고민했다.

나는 디지털 마인드맵을 가르치는 사람일까?

아니면 그 이상의 내용, 즉 생각정리를 가르치는 사람일까?

본격적으로 교육을 진행하며 나는 디지털 마인드맵에만 머무르는 강사가 아니라는 걸 스스로 알고 있었다. 디지털 마인드맵뿐만 아니라 다른 생각정리 도구, 생각정리의 원리와 방법을 알려줄 수 있는 게 더 많기 때문이다. 주제별로도 강의가 가능했다. 독서방법, 기획서 작성, 목표수립과 시간관리, 콘텐츠 기획방법 등 나는 단지 디지털 마인드맵만 가르치는 강사가 아니다. 그건 도구일 뿐 도구보다는 원리, 그걸로 생각정리를 잘할 수 있도록 교육하는 사람이다. 그렇다면, 내가 정말 전하고 싶은 메시지는 뭘까?

생각,

정리,

의 기술?

하지만 이미 누군가 사용했던 말이다. 그리고 '~의 기술'은 세련되지 못하다. 그럼 어떤 말로 바꿔볼까?

디지털 마인드맵을 활용한

생각정리기술

그런데 디지털 마인드맵에 더 이상 국한되고 싶지 않았다! 좀 더 세련되게! 또 트렌디하게! 요즘 시대의 이미지를 반영할 수 있는 좋은 이름이 없을까? 수백 개의 이름을 종이에 직접 적으며 생각했다. 그렇게 찾은 이름이 바로!

생각
정리
스킬

생각, 정리, 스킬! 간결하지만 내가 전하고 싶은 메시지가 모두 담겨 있었다. 생각에 대한 내용, 생각정리에 대한 내용, 그것을 기술적으로 한다는 것⋯. '생각정리의 기술'에서 '기술'은 촌스러운 느낌인데 '스킬'은 세련된 이미지도 있다. 또 뒤의 세 글자 '각, 리, 킬'은 각인이 되는 소리여서 기억하기도 좋았고, '각, 리, 킬' 할 때마다 웃는 모습이 된다. 소비심리학에서 웃는 얼굴을 하면 제품을 선택할 확률이 높아진다는 연구 결과도 있지 않은가? 생각정리스킬을 소리 내어 읽을 때마다 웃으면 선택할 확률도 높아진다.

그리고 생각의 ㅅ을 알파벳 A로, 스킬의 ㄹ을 Z로 연상해 보자. A to Z. 내가 정말 하고 싶었던 메시지가 나온다. '모든 일의 시작과 끝' '생각정리의 시작과 끝'이라는 메시지가 담겨 있는 것이다! 그렇다. 이게 내가 진짜 전하고 싶은 메시지였다.

생각정리기획력

오직 콘텐츠로 승부하라

강사중심의
강의 에이전시

자격증

최종
학력

경력증명

수상
경력

onoffmix
콘텐츠 중심의
온오프믹스

**콘텐츠가
모든것을
말해준다**

1만원도
비싼가?

공개
특강

평일
교육?

20만원의
정규과정
개설

이스트소프트 홍보
포스터 그대로 사용
한달동안 모객을
했지만 **3명** 신청

결과는 성공적
모두 **15명** 신청
그러나 기대치에는 모자람

스마트하게
생각하라!
**더 지 털
마인드맵
씽킹의기술**

온오프믹스 플랫폼 연구
사이트 분석
새롭게 콘텐츠 정리

생각 정리의 기술은
세련되지 못하다
생각정리기술
기술을 스킬로 바꾼다

**생 각
정 리
스 킬**

꾸준히
사랑받게
된 이름

02

잘 나가는
콘텐츠 제목의 비밀

✏️ 그들이 '이름'을 불러줬을 때, 매출이 쑥쑥 올랐다!

워크숍을 진행하는 기업교육 담당자 입장에서 생각해 보자. 만약 스피치 교육을 진행하려고 한다면 어떤 강사를 섭외할까? 인터넷에 '스피치 강사'라고 검색하면 수없이 많은 강사들이 나올 것이다. 그 안에서 어떤 강사를 섭외해야 할지 판단하기는 쉽지 않다. 학력, 경력, 자격증, 저서, 강의력, 전문성 등 강사를 섭외하는 여러 기준이 있다. 이때 콘텐츠 브랜딩이 잘되어 있을수록 섭외받을 확률이 높아지는 것은 당연하다.

그렇기에 콘텐츠는 무엇보다도 제목이 중요하다. 콘텐츠 제목에 교육철학과 가치, 방향을 담고자 노력해야 한다. 상대방이 원하는 것이 무엇인지 파악하고, 그 원츠를 제목에 담아야 한다. '생각정리스

킬'은 고유명사라 검색하기도 쉽고 각인도 잘되는 이름이다. 제목이
완성되고 부제가 완성되어 콘텐츠가 세상에 나왔을 때 사람들은 이
렇게 말했다.

"명쾌하게 생각하고 정리하고 말하는 방법,
생각정리스킬!
우리가 원했던 한마디입니다!"

✎ 제목 하나로 콘텐츠가 살고 죽는다!

훌륭한 내용물임에도 불구하고 제목이 좋지 않아 소비자들에게 선
택을 받지 못하는 경우도 허다하다. 반대로 제목을 잘 만들어 베스트
셀러가 되는 경우도 더러 있다. 그래서 제목의 중요성을 아는 콘텐츠
기획자와 편집자·마케터들은 콘텐츠 제목에 많은 시간을 투자한다.

《칭찬은 고래도 춤추게 한다》의 제목은 본래 《YOU Excellent!》였
다. 표지와 제목을 바꾼 결과 200만 부 이상 판매된 초대형 베스트셀
러가 됐다. 《아침형 인간》은 어떠한가? '건강한 아침형 인간' '새벽을
여는 아침형 인간' '아침형 인간이 성공한다' 등 120여 가지의 제목
을 적으며 며칠을 고민한 끝에 《아침형 인간》으로 결정되었다고 한
다. 이 책은 서점에 입고되는 순간 1시간 만에 300여 권이 팔려나갔
고, 밀리언셀러가 되며 대한민국에 아침형 인간 열풍이 불었다.

책뿐만 아니라 잘나가는 콘텐츠는 제목부터 다르다. 물론 제목으

로만 결과가 만들어지는 건 아니다. 제목만큼 좋은 내용이 있어야 한다. 하지만 결국 사람들이 기억하는 건 콘텐츠의 제목이다. 콘텐츠와의 첫 만남도 제목부터 시작된다. 좋은 제목 없이는 이 모든 게 불가능한 일이다.

🖊 콘텐츠 크리에이터가 직접 네이밍을 해야 하는 이유!

제목은 마케팅과 홍보 측면에서도 매우 중요한 요소다. 하지만 그보다 중요한 사실이 있다. 크리에이터에게 있어서 제목을 만드는 과정은 곧 콘텐츠의 본질을 찾아가는 과정이다. 제목은 내용물을 압축한 결과물이기 때문에 크리에이터라면 제목을 직접 만들어야 한다는 게 내 지론이다. 콘텐츠에 대해 가장 잘 아는 사람은 누구인가? 바로 기획자 당신이 아닌가?

사람의 이름을 지을 때는 작명소 등에서 짓기도 하지만, 콘텐츠는 작명소도 없다. 책 제목은 출판사에서 같이 네이밍에 대해 고민해 주지만 책이 아닌 다른 콘텐츠, 즉 유튜브, 팟캐스트, 블로그, 강연, 강의 등의 콘텐츠는 대부분 혼자서 네이밍을 해야 한다. 따라서 우리는 네이밍하는 훈련을 해야 한다. 당장 네이밍 실력이 부족하더라도 관심을 가지고 꾸준한 연습을 통해 실력을 향상할 수 있다.

우리가 가장 쉽게 네이밍을 연습하고 실습할 수 있는 곳이 바로 서점이다. 최고의 저자들과 기획자, 편집자들이 고민과 고민 끝에 최신의 트렌드를 반영해 보여주는 것이 책 제목이기 때문이다. 나 역시 트렌드 파악을 위해 서점에 자주 나가는 편이다. 이때 내가 속한 분야뿐만 아니라 요리/여행/문학/에세이 등 다른 분야에 가서 베스트셀러의 제목을 관찰한다. 도대체 왜 저런 제목을 지었을까? 왜 베스트셀러가 되었을까? 제목에 어떤 특징이 있을까? 그리고 이유를 생각해 본다.

'아! 제목 속에 핵심 키워드가 담겨져 있구나' '고객의 원츠가 제목 안에 녹아 있구나' '호기심이 유발되는 제목이구나' 이렇게 연구하고 분석하는 과정에서 안목이 생기고 콘텐츠 네이밍 실력이 향상된다.

✎ **좋은 제목을 만드는 방법 1) 100개 이상 제목 만들기**

제목을 만드는 첫 번째 방법은 '질보다 양' 법칙이다. 하나의 주제를 가지고 100개 이상 네이밍해 보는 것이다. 조금은 무식해 보이는 방법일 수도 있는데, 의외로 많은 양 속에서 양질의 아이디어를 얻을 수 있다. 제목을 만드는 과정에서 콘텐츠 아이디어가 생각나기도 하고 목차나 내용에 활용할 카피 문구가 떠오르기도 한다. 다음은 콘텐츠 과정의 수강생이 여행과 관련된 콘텐츠를 기획하는 과정에서 만든 100개의 제목이다. 이렇게 하나의 콘텐츠를 만들면 100개 이상의 제목을 브레인스토밍해 봐야 한다.

나는 여행 작가로 태어났다, 여행의 이유, 행복을 테이크아웃하다, 여행에서 행복을 주문하다, 내가 사랑한 여행, 삶은 여행이었고, 여행에는 삶이 있더라, 일상을 여행으로, 진정한 여행법, 라이프 트래블러, 트래블 데이, 꿈 기행, 꿈 여행, 이지트레블, 보.깨.여., 걷고 또 걷다 보면, 저녁노을에게 말을 걸다, 이곳에서 꿈을 꾸다, 꿈을 만드는 발걸음, 넘어져도 괜찮아, 가장 가까운 곳에 있어, 마구 걸어대, 누워서 하늘을 바라봐, 여행아, 고마워, 어쩌면 여행이 너의 고민을 털어줄지 몰라, 떠날 때 그 마음으로, 누군가와 함께 떠난다는 건, 다봄의 여행수업, 해바라기, 친구를 만드는 여행법, 기본 여행법, 따뜻한 곳으로의 여행, 무작정 떠나고 싶을 때 있으시죠, 설원, 피쉬 앤 칩스, Destination, 싱스트리트, 갈까 말까 할 때 가자, Backpackers, 오늘도 나는 이동한다, 사막이 아름다운 이유, 여행의 목적, 정답은 내 마음, Oh! My Good Choice, 서른 살까지 놀다, 여행해서 남 주자, 여행 카운슬러, 모든 날의 여행, 슬로우 워킹, 멈추면 비로소 나아갈 수 있어, 새삼스러운 여행, 여행할 때마다 깨끗해진다, 이것이 행복인가, 언제 해도 좋은 여행, 모두의 행복, 쉼을 잊은 그대에게, 이토록 여행이 재미있어지는 순간, 그래도 여행뿐, 그때 못한 여행, 바람이 부는 여행이 좋다, 지난 순간들의 위로, 하루하루가 여행, 사는 게 여행 같네, 여행이 스승이다, 여행하라 한 번도 안 가본 것처럼, 참 좋은 순간을 만났습니다, 여행할 때 알아야 할 것들, 여행을 좋아하세요, 여행할 것, 행복할 것, 미친 척 여행 춤을 추자, 나와의 대화, 떠나야지만 보이는 것들, 내가 사랑한 순간, 왜 떠나는가, 여행의 깃발, 숨 쉬듯 가볍게, 어제의 여행, 새벽공기, 신기한 여행, 내일도 꿈을 꾸는 당신에게, 내 여행의 해답, Go하고 싶은 날엔, 그 순간을 전해드립니다, 어떻게든 여행, 우리들의 소소한 여행, 당신이 궁금해요, 떠나는 용기, 언제나 다 봄, 기차 안에서, 잠시 멈춤, 추억을 손으로 만지다, 나의 20대, 여행의 품격…

✎ 좋은 제목을 만드는 방법 2) 패턴으로 제목 만들기

제목을 만드는 두 번째 방법은 '패턴'을 활용하는 것이다. 양적으로 만들어 보는 건 권장하지만 많은 시간이 걸린다는 한계가 있다. 이때 제목을 만드는 몇 가지 패턴을 알고 있으면 네이밍이 한결 수월해진다. 김학원의 《편집자란 무엇인가》에 보면 제목의 여섯 가지 유형이 나오는데 최신 사례로 수정 및 추가해 보았다. 1년에 수십만 종이 쏟아지는 도서들의 제목은 대부분 이 여섯 가지 유형에 속한다.

- 명사형 → 생각정리스킬, 생각실험, 독습
- 명사+명사형 → 마케팅 차별화의 법칙, 식당의 정석

- 형용사+명사형 → 이기적 시간관리, 완벽한 소통법
- 구, 절+명사형 → 부동산과 맞벌이하는 월급쟁이 부자들
- 문장형 → 말은 운명의 조각칼이다. 당신의 시간을 정리해 드립니다
- 의성어, 의태어 조합형 → 사과가 쿵, 수학이 수군수군, 하얅 하얅

6가지 제목 만드는 패턴을 활용해 당신의 콘텐츠 제목을 만들어 보자.

첫째, 다른 사람들의 콘텐츠 제목을 다음 패턴으로 분류하기

둘째, 내 콘텐츠 제목에 패턴을 활용해 만들어 보기

- 명사형 →
- 명사+명사형 →
- 형용사+명사형 →
- 구, 절+명사형 →
- 문장형 →
- 의성어, 의태어 조합형 →

03

이름을 바꾸면
인생이 바뀐다!

✎ 나의 본명은 복주환이 아니다

그동안 '생각정리스킬은? 복주환!'이라는 브랜드를 만들기 위해 꾸
준하게 노력해 왔다. '생각정리스킬'도 직접 만들었지만, 복주환이라
는 이름도 본의 아니게 브랜딩(?)을 해왔다.《생각정리스킬》을 출간
하고 얼마 지나지 않아 복 씨 가문에서 연락이 왔다. 복 씨 가문에서
발간하는 신문에 나를 인터뷰하고 싶다는 내용이었다. 젊은 사람 중
에 복 씨가 많지 않아서 내 이름이 눈에 잘 들어왔다고 했다.

"죄송합니다. 복주환은 본명이 아니라 예명입니다. 저는 박주환입
니다."

"아이고, 아닙니다. 저자님이 저희 복 씨 가문은 아니시지만 책을
통해 복 씨를 많이 알려주셔서 감사합니다."

《생각정리스피치》에서 이미 밝혀 알고 있는 독자들도 있겠지만 사실 복주환은 예명이다. 본명은 박주환(朴桂煥)이다. 본관은 밀양, 기둥 주, 빛날 환.

스무살 때부터 박주환이 아닌 예명 복주환을 쓰게 된 일화가 있다. 뮤지컬과에 재학했을 때의 일이다. 뮤지컬과에서는 공연 시즌이 되면 전 학년이 다 같이 모여 무대 세트장을 만드는 작업을 한다. 손재주가 없던 나는 무대 세트장 제작을 하는 게 어렵고 지루했다. 한 번은 무대를 제작하고 있다가 '멍' 때리고 있었는데 당시 학생회장이었던 선배가 나에게 말을 걸었다. "주환아, 여기 돌돌이 좀 들어줄래?"

돌돌이란 전선을 감는 도구다. 멍 때리고 있던 나는 아무 생각 없이 돌돌이를 잡았는데. 아뿔싸 손잡이가 아니라 전선을 잡고 말았다. 그때 돌돌돌 전선이 풀리면서 선배의 복숭아 뼈를 찍었다. 그때 선배가 고통스러워 하며 "야. 박주환 정신 안 차릴래? 돌돌이로 복숭아 뼈 맞았잖아. 이 복숭아 복주환아!"라고 말했다. 이후 멍 때리다가 선배 복숭아 뼈를 때렸다는 소문이 퍼지게 되었고, 그때부터 내 별명은 복주환이 되었다. 나는 인간관계에 가치를 두고, 평판을 중요시 여기는 사람인데 이 사건 이후로 복주환이라는 별명은 콤플렉스가 되었다.

어떻게 하면 이것을 극복할 수 있을까 고민을 하던 중 복이 주는 의미에 대해 생각해 봤다. '복숭아 주환, 멍 때리다 복숭아 뼈를 때린 주환'이 아니라 '복을 받는 복 주환'이 되면 어떨까? '복주환' '복주환' '복받는 복주환' 하면서 주문을 걸었다. 그리고 이미지를 회복하기 위해 학업도 학과생활도 두 배는 더 열심히 노력했다. 한 학기가 마쳐갈 무렴 학과에서 공지가 내려왔다. 1학년 중 연기 발표를 가장 잘하는 학생한 명을 선정해 장학금을 준다는 내용이었다. 무려 500만원이었다. 누구보다도 최선을 다해서 연기를 준비했다. 드디어 장학금을 발표하는 순간이 왔다.

"스타니슬랍스키 장학금, 500만원의 주인공은! 1학년 박주환! 아, 복주환이죠? 복주환, 장학금 축하드립니다."

내 이름이 호명되자 동기와 선배들은 모두 "쟤 진짜 복주환이네! 복을 받아서 복주환이네! 진짜 복 받았네" 하면서 격려해 주었다. 내가 주문을 걸었던 '복! 복! 복주환!'이 실현된 것이다. 그 이후로 사람들은 내가 복이 많은 사람이라고 인지하게 되었고, 스스로도 그렇게 생각하니 나에게도 주변 사람에게도 좋은 일들이 많이 생기게 되었다.

복주환,《생각정리스피치》중에서

그런데 하마터면 복주환이라는 멋진 이름을 바꿀까 했던 적이 있었다. 강의를 막 시작하는 초기에 복주환 말고 박주환을 쓰는 게 낫지 않겠냐는 제안을 받은 적이 있다. 복주환은 이름이 가볍게 느껴지는 반면, 박주환은 무게가 느껴져 좀 더 전문적으로 느껴진다고 했다. 앞으로 교육을 계속하려면 전문성이 느껴지는 이름을 사용해야 하지 않겠냐고 했다. 그분의 말이 일리가 있었지만 고민 끝에 내 생각을 말했다.

"제 본명을 좋게 봐주셔서 정말 감사해요, 박주환도 좋은 이름이에요. 그런데 제 생각에는 복주환이라는 이름이 더 개성 있고, 정감이 가서 좋은 것 같아요. 전문성은 이름이 아니라 실력으로 보여드릴 수 있도록 실력을 쌓을게요. 학습자 분들이 저에 대해 친근하고 가까운 감정을 느꼈으면 좋겠어요. 그렇게 학습자 분들과 서로 소통할 수 있게 되면 더 깊은 것들도 전할 수 있으니까요. 무엇보다도 박주환은 수천 명이 검색이 되어요. 하지만 복주환을 검색해 보면, 대한민국에서 오직 저 한 명뿐입니다. 저는 온리원이 되고 싶습니다."

군대에 있을 때, 언젠가 유명인이 돼야지 생각하며 그때 사용할 사인을 미리 만들었다. 이름만큼이나 사인도 중요하다고 생각했다. 천 번도 넘게 그림을 그리며 고민에 고민을 했다. 평범한 건 싫었다.

나에 대한 상징적인 의미를 담고 싶었다. 여러 가지 아이디어를 떠올려봤다. 복주환은 어떤 이미지가 어울릴까? 긍정적인 에너지가 느껴지고 자신감 있는 모습이었다. 그걸 어떻게 표현할까? 복주환의 환을 웃는 모습으로 그려볼까? 나만의 사인이 만들어졌다. 저자가 된 이후 강의나 강연을 할 때마다 책에 사인을 해드린다. 사인을 보면 나도 독자들도 기분이 좋다. 복이 담겨 있기 때문이다.

평범한 이름도 의미를 부여하면 특별해진다

콘텐츠 크리에이터로 활동하는 사람들에게 이름은 매우 중요한 요소이다. 사람들은 이름으로 나를 검색한다. 만일 동명이인이 많다면 나를 찾기 어려울 것이다. 따라서 선택받기 위해서는 차별화 전략이 필요하다. 이때 세상에 하나뿐인 이름을 만들어야 한다. 이러한 이유에서 유튜버들이나 연예계에서는 개명을 하거나 예명을 쓰는 사람들이 많다. 이름이 곧 브랜드 역할을 하기 때문이다. 개명을 하거나 예명을 쓰지 않더라도 요즘은 본인에게 어울리는 닉네임을 만들어 활동명으로 사용하는 경우도 많다. 나의 이미지에 어울리는 닉네임을 한번 고민해 보자.

무조건 개명을 하거나 예명을 쓰라고 주장하는 게 아니다. 개그맨 조세호는 예명 양배추로 활동할 때보다 본명 조세호로 활동할 때 더 큰 인기를 얻었다. 양배추라는 예명보다 조세호라는 본명이 더 세련되고 그의 이미지에 더 잘 어울린다. 이처럼 개명을 한다고 해서 모두 다 좋은 결과로 이어지는 건 아니다. 평범한 이름이라도 의미와 가치를 부여한다면 존재가 더 특별해질 수 있다. 무엇보다 이름을 통

해 자기다움을 찾으려는 노력과 자세가 중요하다.[3]

　말에는 에너지가 있다. 긍정적인 말을 하면 긍정적인 에너지가 담기고, 부정적인 말을 하면 부정적인 에너지가 담긴다. 이름은 살면서 가장 많이 불리는 말이다. 이왕이면 이름에 긍정적인 에너지를 담아보면 어떨까? 이름에 의미를 부여했을 뿐인데 당신의 운명이 바뀔지도 모른다.

〈이름 기획하기〉

1. 당신의 이름에는 어떤 의미가 담겨져 있는가?

2. 만일 예명이나 닉네임을 만든다면 어떤 이름이 좋을까?

3. 나만의 개성이 담긴 사인을 만들어 보자.

04

모든 기획자는
디자이너가 되어야 한다!

✎ **기획자만이 살아남는다**

"제안능력이 있어야 한다. 머릿속에 존재하는 이념이나 생각에 형
태를 부여하여 고객 앞에 제안하는 작업이 디자인이다. 디자인은 결국
제안과 같은 말이다. (중략) 기획자는 디자이너가 되어야 한다."

일본의 유명서점 츠타야 매장을 운영하는 《지적자본론》의 저자 마
스다 무네아키의 말이다. 디자인의 중요성을 설파한 그의 말에 전적
으로 동의한다. 기획자는 머릿속의 생각을 디자인하는 능력이 있어
야 한다. 콘텐츠 중심의 강의·강연 플랫폼에서 시작한 나는 디자인
의 중요성을 누구보다도 잘 알고 있었다. 디자인에 살고 디자인에 죽
는 게 바로 콘텐츠 사업이다.

온오프믹스의 경우 소비자는 강의를 찾기 위해 일단 사이트에 들어온다. 그리고 메인 페이지에 나열된 콘텐츠 배너 중에서 관심이 가는 배너를 클릭한다. 이때 당연히 눈에 띄는 색상과 임팩트 있는 제목의 배너에 눈길이 갈 것이다. 그런데 막상 상세페이지 디자인과 내용이 부실하면 강의를 신청하지 않고 페이지에서 나가게 된다. 따라서 콘텐츠로 승부를 봐야 하는 강사라면 웹페이지의 디자인에 신경을 써야 한다.

생각 정리 스킬

콘텐츠 이름은 만들었는데 포스터 디자인은 여전히 고민이었다. 답답한 마음에 산책을 하던 중 산토리니라는 이름의 카페를 발견했다. 카페 이름과 블루 톤의 시원한 컬러 인테리어가 눈에 들어왔다. 사진을 찍었다. 그리고 서점으로 향했다. 내가 생각하는 〈생각정리스킬〉 표지와 가장 흡사한 이미지를 찾기 위해서였다.

내가 만약 표지를 디자인한다면 제목을 한눈에 들어오게 하고 싶었다. 배경색은 파란색으로 하고 싶었다. 비슷한 표지 10권을 찾아 사진을 찍었다. 그중 허태균 저자의 《어쩌다 한국인》이라는 책 표지가 가장 마음에 들었다. 디자인을 수집해 보니 파란색의 종류가 다양했다. 연한 파랑, 진한 파랑, 어두운 파랑 톤 등 색감과 질감에 따라 이미지가 완전히 달라졌다. 나는 어떤 느낌의 파란색이 좋은가? 스마트하고 익숙한 느낌이 없을까? 그렇지. 삼성! 그리고 페이스북! 두 컬러의 공통점은 우리에게 익숙한 색상이라는 점이다. 삼성과 페이스북 파란색의 중간 컬러를 사용해 보자. 그리고 내심 이런 생각도 있었다. 심리실험 중에서 취업을 할 때 면접자가 회사의 로고 색상 넥타이를 매고 가면 호감도가 더 높아진다고 한다. 나도 이렇게 표지를 만들면 언젠가 삼성에서 강의를 할 수 있지 않을까? 국내 최고의 회사에서 교육을 하는 강사가 되고 싶었다(참고로 3년도 되지 않아 삼성전자에서 연락이 왔고 DS부문 강의평가 1위를 받는다).

글씨체는 뭐가 있을까? 복고풍의 느낌이고 친근한 글씨체라면 좋겠다. 복고풍 이미지를 검색해 찾아보며 만들고 싶은 이미지를 구체화해 갔다. 당시 배달의 민족 글씨체가 유행이었는데, 배달의 민족

도현체와 비슷한 글씨체를 사용해 보자. 또 아마존 로고처럼 A to Z 를 글씨에 넣어보자. 생각의 ㅅ에 A, 스킬의 ㄹ에 Z를 넣어 '모든 일의 시작과 끝! 생각정리의 모든 것! A to Z!' 이 모든 것을 조합해 포스터를 기획하고 디자인하는데 한 달 정도 시간이 걸렸다.

그렇게 만든 강의 포스터가 《생각정리스킬》 표지(초판)의 모태이다. 이후 디자인을 계속해 업그레이드했다. 그리고 2015년 1월 1일, 온오프믹스에 포스터를 올렸다. 치열한 고민의 결과, 어떻게 되었을까? 대박이 났다! 50명이 참석 가능한 강의에 무려 250명이 신청을 했다. 그렇게 책을 출간하기까지 2년 동안 한 달에 6번 이상 공개강좌를 열었고 매회 매진이 되었다. 입소문이 나면서 참석하고 싶은 사람이 많아 예약을 미리 받기도 했다. 결국 〈생각정리스킬〉은 온오프믹스에서 2년 연속 인기 강좌가 되었다.

계속해서 디자인을 차별화하라

온오프믹스에 올라온 강의 관련 홍보 포스터를 보면 의외로 디자인에 신경을 많이 쓰지 않고 있었다. 이는 반대로 내가 디자인에 좀 더 신경을 쓰면 돋보일 수 있다는 의미였다. 웹페이지에서 학습자를 모객할 때 가장 중요한 건 디자인이다. 콘텐츠를 얼마나 직관적으로 전달할 수 있는가, 콘텐츠를 얼마나 돋보이게 할 수 있는가가 관건이었다. 훗날 책을 출간할 것을 염두에 둔 강의이다 보니 책 표지처럼 포스터를 디자인했다. 눈에 잘 띄는 색상, 글씨체, 레이아웃을 연구했다. 디자인 서적을 읽고, 디자인 관련 사이트에 들어가 분석했다. 강의 포스터 디자인을 만들기 위해 다른 강사들의 포스터를 분석한 게 아니라 의류, 화장품 등 각종 유명 상품의 상세페이지 디자인을 연구하며 나에게 적용했다.

　그런데 문제가 생겼다. 나중에 온오프믹스에 진입한 사람들이 〈생각정리스킬〉 디자인을 모방하기 시작했다. 눈에 잘 띄는 색상, 각인이 잘되는 글씨체, 직관적인 이미지 등 한동안 나의 디자인이 온오프믹스의 유행으로 번졌다.

　나는 다시 고민을 했다. 어떻게 하면 차별화를 시킬 수 있을까? 그래! 모두가 사각형으로 디자인을 하니까 나는 원으로 배너를 만들어보자!

기획자는 디자이너가
되어야 한다
디자인은 결국 제안과
같은 말이다

제안 능력이 있어야 한다.
머릿속에 존재하는 이념이나
생각에 형태를 부여하여
고객앞에 제안하는 작업

계속해서 디자인을 차별화 하라

생각
정리
스킬 ➡ 생각
정리
스킬

인기가 생기자 디자인을 모방하기 시작했다.
사각형에서 원으로 그리고 움직이는 배너 까지

원으로 만들고 나니 확실히 눈에 잘 띄었다. 수강생 신청도 더 늘
기 시작했다. 그런데 다른 사람들도 원으로 배너를 만들기 시작했
다. 또 다시 사이트를 보면서 분석했다. 도대체 그동안 없었던 형태
의 배너는 무엇일까? 연구 끝에 한 가지 없는 걸 발견했다. 바로, 움
직이는 배너였다. 모든 이미지가 멈춰 있었다. 그래 움직이는 배너
를 만들자! GIF 이미지를 활용해 움직이는 배너를 만들었다. 이렇
게 끊임없이 아이디어를 연구해 사람들이 〈생각정리스킬〉과 〈생각
정리스피치〉 콘텐츠를 더 많이 볼 수 있게끔 관심을 유도하는 데 성
공했다.

✏️ 결국엔, 디자인보다 내용이 더 중요하다!

콘텐츠를 홍보할 때, 그리고 브랜드를 구축할 때 디자인은 이처럼 중요하다. 일단 디자인이 좋아야 콘텐츠를 선택할 확률이 높아지기 때문이다. 하지만 디자인이 전부가 아니라는 걸 명심해야 한다. 콘텐츠는 겉모습과 알맹이가 있다. 아무리 겉모습이 좋더라도 알맹이가 없으면 소비자에게 외면을 당한다. 나 역시도 양질의 강의 콘텐츠를 만들기 위해 노력해 왔다. 그 결과 〈생각정리스킬〉은 공개특강을 통해 정규과정이 지속적으로 연결되었다. 정규과정을 들은 수강생들의 요청으로 1회로 진행되었던 정규과정이 초급 3회 과정으로 확장됐다. 추가 요청이 들어와 중급 4회 과정으로, 그리고 고급 12회 과정까지 커리큘럼이 확장되었다. 결국 내가 디자인에 집중을 한 이유는 첫째도 내용, 둘째도 내용, 셋째도 내용을 전하기 위해서다.

> 나는 학습자 중심에서 콘텐츠의 본질을 늘 고민했다.
> 학습자들이 원하는 건 알마인드인가? 생각정리인가?
> 알마인드는 수단이고, 생각정리가 목적이다.
> 그렇게 〈알마인드 교육〉이 〈디지털 마인드맵 씽킹의 기술〉이 되고,
> 결국 〈생각정리스킬〉로 완성되었다.

처음에는 디지털 마인드맵 알마인드 교육으로 강의를 시작했지만 시간이 지날수록 알마인드 교육은 서서히 줄었다. 그리고 지금은 종

이 한 장만 있으면 생각을 정리할 수 있는 기법을 독자적으로 개발해 강의하고 있다. 어찌 보면 디자인이라는 건 단지 눈에 보이는 것만을 디자인하는 게 아니다. 나 역시 그래왔다. 무형의 상품을 유형으로 만드는 과정은 쉽지 않았다. 보여지는 것과 보이지 않는 것 모두를 디자인해야 한다. 즉, 콘텐츠 크리에이터라면 모두 디자인을 할 수 있어야 한다.

05

돈 버는
상세페이지 만들기!

온라인 노출에서 상세페이지만큼 중요한 건 없다

강연·모임 플랫폼에서 시작한 나는 상세페이지를 만드는 데 집중을
했다. 상세페이지는 콘텐츠에 대한 소개와 일정안내 등 개요를 전반
적으로 정리해 둔 페이지를 말한다. 수강생들은 상세페이지를 보고
교육을 신청한다. 따라서 SNS 또는 강연 플랫폼 등 온라인 공간에서
콘텐츠를 홍보하려면 필수적으로 상세페이지를 잘 만들어야 한다.
상세페이지는 고객과 당신을 이어주는 능력 있는 직원과 같다. 상품
과 잘 어울리는 페이지 디자인과 고객을 사로잡는 강한 기획력이 필
요하다. 그럼, 상세페이지를 효과적으로 만드는 방법을 알아보자.

1) 고객이 원하는 정보를 정확하게 제공해야 한다

최근 상세페이지의 트렌드를 보면 디자인에 지나치게 신경 쓰다 보니 내용보다 이미지를 더 돋보이게 만드는 경우가 많다. 하지만 고객이 원하는 것은 화려한 이미지보다 선택에 필요한 실질적인 정보다.

2) 상세페이지는 디자인하는 것이 아니라 기획해야 한다

알록달록 색을 넣는 것은 기획의 다음 단계다. 상세페이지 디자인의 목적은 단지 보여주는 것이 아니라 선택을 유도하는 것이다. 따라서 고객의 입장에서 선택 욕구를 자극할 수 있는 디자인과 구성을 생각해야 한다. 상세페이지의 문구 한 줄, 사진 한 장이 고객의 선택에 영향을 미치는 만큼 다른 상세페이지와 차별화해야 한다.

3) 상세페이지에 대한 기본양식과 순서의 배치 원리를 이해해야 한다

일단, 상세페이지의 기본양식은 고객의 예상 질문에 대한 기획자의 답변으로 구성되어야 한다.

고객의 예상 질문 → 기획자의 답변

상세페이지에 항목 순서를 배치하는 원리는 고객의 입장에서 그들의 예상 질문을 궁금한 순서대로 배치하면 된다. 상황에 따라 달라질 수도 있지만 보편적으로 고객은 What → Why → How의 순으로 궁금해 한다. 간단히 말해 '무엇을 배우고, 나에게 왜 필요하며, 어떻게 배울 수 있는가?'에 대한 순서로 배치를 하면 된다.

1. 어떤 콘텐츠인가? (제목) → 2. 왜 필요한가? (취지) →

3. 나에게도 필요한가? (대상) → 4. 어떤 내용인가? (커리큘럼) →

5. 정말 효과가 있나? (기대효과) → 6. 누가 강의하나? (강사) →

7. 현장은 어떤 모습인가? (현장사진) → 8. 만족도는 어떠한가? (교육 만족도) →

9. 신청하려면 어떻게? (교육개요 및 신청방법) → 10. 신청하기!

4) 상세페이지는 내비게이션과 같다

내비게이션은 내가 원하는 목표까지 가장 빠르고 정확하게 나를 이동시켜준다. 상세페이지를 만들 때는 우리가 고객의 내비게이션이라는 생각으로 기획해야 한다. 고객이 신청버튼까지 잘 따라오도록 상세페이지에도 길을 잘 닦아놔야 한다는 뜻이다. 즉, 곳곳에 길잡이 역할을 심어 놓아야 한다.

예를 들어 '5. 기대효과' '6. 강사소개' '8. 교육 만족도'가 길잡이 역할이라 할 수 있다. 이 교육을 들으면 나에게 정말 효과가 있는지, 강사는 얼마나 실력 있는 사람인지, 다른 사람들은 이 교육을 듣고 어떤 결과를 얻게 되었는지 설명을 통해 신청하기까지 유도를 해야 한다.

5) 온라인에서 실제 현장으로 오는 고객은 낯선 곳에 대한 설레임과 두려움을 동시에 갖는다

따라서 현장 분위기가 어떤지 현장사진을 상세페이지에 게시해 친근함을 느끼게 하는 것이 좋다. 이처럼 고객이 고민을 하고 있는 작은 부분까지 상세페이지에서 친절하게 답변해 주고 해결해 준다면 신뢰도가 높아져 선택 확률이 더 높아질 것이다.

6) 고객의 입장에서 친근한 단어로 바꿔주자

기획자 입장에서 내용을 작성하다 보면 문체가 딱딱해질 수 있다. 어느 정도 내용이 채워지면 고객에게 알맞게 그들의 입장에서 다음과 같이 내용을 각색해 줘야 한다. 그래야 더 공감하고 편안하게 느낀다.

대상	누구에게 필요한가요?	•복잡한 업무 상황을 명쾌하게 정리, 효율적으로 일하고 싶은 분들 •기획안, 보고서 등 문서작성 능력을 향상시키고자 하는 분들 •회의, 발표, 협상 상황의 스피치 능력을 발전시키고자 하는 분들
	이런 고민 한 번쯤 해본 적 있지 않았나요?	•이런저런 생각을 하느라 늘 머릿속이 복잡해요. •논리적으로 말하고 글쓰는 능력이 부족해요. •떠오르는 아이디어는 많은데 정리가 안 되서 답답해요.

7) 내용의 작성과 각색을 마쳤으면 디자인을 입힌다

디자인을 할 때는 파워포인트나 포토샵, 일러스트 등 디자인 툴을 활용하고, 이때 전문 디자이너에게 의뢰하면 더 세련되고 고급스러운 결과물을 얻을 수 있다.

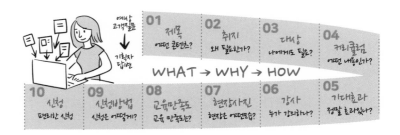

[예시] 〈생각정리스킬 공개특강〉 상세페이지 레이아웃

항목	고객의 예상 질문	기획자의 답변		
제목	어떤 콘텐츠 인가요?	〈생각정리스킬〉 공개특강		
취지	왜 필요한가요?	넘쳐나는 SNS 메시지, 쏟아지는 베스트셀러, 반복되는 메일과 문서…쓸 것도 읽을 것도 너무 많은 직장인들! 효과적으로 읽고, 쓰고, 말하기 위해서는 먼저 생각을 명쾌하게 정리하는 〈생각정리스킬〉이 필요합니다.		
대상	누구에게 필요한가요?	•복잡한 업무상황을 명쾌하게 정리, 효율적으로 일하고 싶은 분들 •기획안, 보고서 등 문서작성 능력을 향상시키고자 하는 분들 •회의, 발표, 협상 상황의 스피치 능력을 발전시키고자 하는 분들		
내용	어떤 내용인가요?	1교시 – 모든 일의 시작과 끝은 생각정리로 이뤄진다. – 명쾌하게 생각하고 정리하고 말하는 방법 2교시 – 생각정리스킬(마인드맵, 만다라트, 퀘스천맵) 실습 – 저자와의 대화&질의응답		
효과	어떤 효과가 있나요?	•복잡한 업무상황을 스마트하게 정리하고 효과적으로 일하는 방법을 이해할 수 있다. •직장생활의 기본인 명쾌하게 생각하고 정리하고 말하는 방법을 설명할 수 있다. •비즈니스 실전에서 바로 통하는 생각정리스킬을 마스터하고 실전에 적용할 수 있다.		
강사	누가 진행하나요?	복주환 강사 •생각정리클래스 대표 •법무연수원 검사대상 초빙 교수 •저서 《생각정리스킬》《생각정리스피치》《생각정리기획력》		
사진	어떤 모습인가요?	사진1	사진2	사진3
후기	교육 만족도는?	〈기업교육 만족도〉 – 삼성전자 DS부문 신입사원 교육 만족도 1위 – 한라그룹 워크스마트 교육 만족도 1위 〈학습자 만족도〉 – 생각정리는 기본! 시간관리부터 인생관리까지! – 첫 강의를 듣고 그동안 갈구했던 것들에 대한 희망을 보게 되었다! –8시간 동안 단 한 명도 졸지 않는 알짜배기 수업!		
개요	어떻게 진행되나요?	주최 : 생각정리클래스 일시 : 5월 28일 (토) 오후 2:00~4:30 장소 : 강남역 인근 OO 모임공간 2층 인원 : 30명 (선착순 마감) 비용 : 20,000원 문의 : 010-9999-0000		
신청	신청할게요!	참석하시는 모든 분들께 《생각정리스킬》 책을 선물로 드립니다!		

디자인

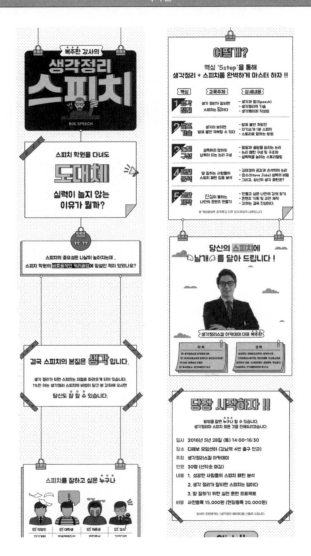

[실습] 상세페이지 양식을 작성하고 디자인해 보자!

항목	고객의 예상 질문	기획자의 답변		
제목	어떤 콘텐츠인가요?			
취지	왜 필요한가요?			
대상	누구에게 필요한가요?			
내용	어떤 내용인가요?			
효과	어떤 효과가 있나요?			
강사	누가 진행하나요?			
사진	어떤 모습인가요?			
후기	교육 만족도는?			
개요	어떻게 진행되나요?			
신청	신청할게요!			

06

발이 없어도 천리를 가는
좋은 콘텐츠

✎〰️ 강의력

아무리 좋은 디자인과 상세페이지로 모객에 성공했다 할지라도 가장
중요한 것은 강의력이다. 강의 현장에서 실제로 나를 만나는 분들은
깜짝 놀란다. 생각보다 더 젊은 강사이기 때문이다. 이렇게 선입견이
생기다 보니 학력과 경력을 중시하는 대한민국에서 오직 콘텐츠로만
승부한다는 게 쉽지 않았다. 하지만 나이 때문에 내가 만든 콘텐츠
를 저평가받고 싶지 않았다. 그래서 더 이를 악물고 열심히 했다. 학
력보다는 실력을, 나이보다는 내공을, 더 좋은 콘텐츠를 만들기 위해
더 노력했다.

씨름하듯 강의했다.

초창기 강의를 할 때 강의를 씨름 경기라고 생각했다. 지금이야 시작부터 화기애애한 분위기로 강의를 시작하지만 처음에는 꽤나 진지하게 강의를 시작하곤 했다. 앞에 있는 학습자들이 왜 웃지 않는지, 왜 나를 의심적은 눈빛으로 쳐다보는 건지…. 강의를 하는 내내 '나'와 '그 모습을 지켜보는 나'가 동시에 있었다. 1교시가 항상 고비였다.

물론 우호적인 학습자들이 많은 날에는 강의도 술술 잘 풀렸다. 잘 웃어주고 호응도 잘해주고…. 그러면 나도 장단을 맞춰 강의를 잘하는데, 중립적 청중 혹은 적대적 청중이 앞자리에 앉으면 완전히 말리는 느낌을 받는다. 식은땀이 나기도 하고, '내가 지금 무슨 말을 하고 있는 거지?' 하는 생각까지 든다.

혼자서 생각정리클래스의 공개특강과 정규과정을 운영하기 힘들었다. 많은 사람들을 상대해야 하고, 강의도 해야 하고, 홍보도 해야 하고, 상담도 하고…. 이 모든 걸 혼자서 감당하기 힘들었다. 고등학교 때 친하게 지냈던 친구에게 부탁해 함께 일을 하기로 했다. 공개특강의 1교시를 마치면 나는 그에게 물었다.

"1교시 어땠어? 반응 괜찮았어? 어떻게 풀어나가야 할까?"

그러면 친구는 객관적으로 분위기가 어땠는지 파악을 해줬다. 여기서 문제점이 발견되면 잠시 전략을 세우고 2교시로 넘어갔다. 당시에는 공개특강을 통해 학습자들이 정규과정에 신청하도록 해야 했다. 이것은 생각정리클래스의 생존 문제였다. 정규과정이 왜 필요한지 논리적인 근거로 설득하는 과정이 필요했다.

재미있는 부분은 녹화를 해뒀고, 그 부분은 다음 강의 때 살려서 강의를 했다. 친구에게 뒤에 서서 지휘자처럼 역할을 부탁하기도 했다. 만약 말이 빠르면 천천히 하라는 신호를 보냈고, 시간 분배를 잘못하면 그 부분도 체크해 줬다. 분위기가 다운되면 그럴 땐 뒤에서 크게 웃어주기도 했고 호응을 하며 현장 분위기를 만들어 줬다.

강의를 즐기면서 하고자 한다면 청중과의 씨름에서 이기는 경험이 많아야 한다. 이긴다는 표현이 좀 어색하지만 유명 강사가 되기 전까지는 학습자와 보이지 않는 씨름을 하게 된다.

많은 면에서 부족하다 보니 나는 더욱더 열심히 노력했다. 특히 수강생들 앞에서 기죽지 않기 위해 그들보다 더 수업에 집중을 하고 몰입을 했다. 그러면 초반에 걱정했던 바와는 달리, 수강생들은 배울 가치가 있다고 여겨지면 손을 들고 질문을 한다. 그때부터 나는 물 만난 물고기처럼 살아나 〈생각정리스킬〉의 더 깊이 있고 근본적인 솔루션을 전하기 시작한다. 질문을 하고 답하고, 소통이 이루어진다. 강의 전 사람들의 의심어린 눈빛이 강의를 듣고 난 후 나를 믿는 눈빛으로 바뀌는 그 순간, 최고의 희열을 느낀다.

강사를 믿고 따라갈 것인가? 배워도 될 만한 사람인가? 강사가 좋은 콘텐츠를 진정성 있게 전했을 때 소통하는 느낌을 얻게 된다. 그렇게 한 회 한 회 강의를 하다 보면, 강의력이 생기고 그때 비로소 강의는 씨름이 아니라 공연이라고 느끼게 된다.

씨름하듯 강의를 해왔지만,
훗날 깨달은 건 강의는 씨름이 아니라,
학습자와 함께 만들어 가는 공연이었다.

🖊 강의 · 강연을 앞두고 준비할 사항

강의를 진행할 때 만족도를 높이기 위해서는 어떻게 진행해야 할까? 강의를 하는 목적과 대상과 시간, 강사 스타일에 따라 다양한 진행 방법이 존재한다. 수많은 학습자를 만나보고, 강의를 많이 하다 보면 자신만의 강의 스타일이 생긴다.

만일 교육담당자가 당신에게 1시간 특강을 요청하며, 강연이 아니라 강의로 진행하길 원한다. 그 차이를 강사가 구분하지 못하면 강의를 준비하는 방식부터 문제가 생긴다. 강연과 강의에 대해 다양한 해석이 있지만 보통 강연은 연사 중심의 이야기고, 강의는 학습자 중심의 교육으로 이해한다. 강연은 연사가 인생 경험을 통해 얻은 노하우나 메시지로 내용이 구성된다. 반면, 강의는 학습자의 문제를 해결하는데 도움이 되는 콘텐츠로 내용이 구성되어야 한다. 이처럼 기본상식을 알아야 요청받은 교육을 별 탈 없이 진행하고 좋은 결과를 얻을 수 있다.

연사로 초청을 받는다면 강연시간은 최소 15분~2시간 정도로 진행된다. 저자일 경우 책 소개, 저자 강연, 질의응답, 사인회 등을 함께 한다. 보통 강연은 유명 인사를 초청하는 경우가 많으며 100명 이상이 넘는 대규모 행사도 많다.

강연료는 연사의 수준에 따라 천차만별이다. 인지도, 학력, 전문성, 저서 출간 유무 등에 따라 차이가 난다. 스타강사들은 얼마나 벌까? 강연 에이전시를 운영하는 오상익 대표는 그의 저서 《강연의 시대》에서 "한 회 강연료가 500~1,000만원에 달하는 특급 연사부터 200

~300만원의 A급 강사, 150~200만원 정도의 프로 강사까지, 실제로 인기 강사들은 돈을 많이 번다. … 누군가에게 '사치'라고 느껴지는 고액의 강연료가 다른 누군가에게는 투자할 만한 '가치'로 여겨질 수 있다. … 결국 강연료란 Insight가 담긴 강사의 시간을 사는 것이다."라고 말한다.

그리고 기업교육의 경우는 강사의 실력과 기업의 니즈에 따라 책정되는데, 시간당 10~50만원 정도에서 형성된다. 최소 1시간에서 최대 3일 과정을 강사 혼자 진행하는 경우도 있어 컨디션 관리는 필수다. 장시간에 걸쳐 서서 교육을 진행하기 때문에 운동은 필수고 스트레칭을 통해 허리디스크, 목디스크 등 관리가 필요하다. 강사에게 목 관리는 생명이다. 평소 물을 자주 마시고, 음성 휴식을 취하는 등 관리를 해야 한다. 많은 학습자를 만나다 보면 엄청난 에너지가 소모되기 때문에 스트레스 관리도 중요하다.

강의 구성은 어떻게 준비해야 할까? 학습자에게 지식과 정보를 전달하는 방식으로 강의를 진행하는 경우도 많다. 그런데 매번 같은 방식으로 진행하게 되면 학습 효과와 흥미가 떨어진다. 수업 구성은 강사가 아닌 학습자 중심으로 이루어져야 한다. 학습자가 직접 참여할 수 있는 실습, 토의, 토론, 게임, 발표 등으로 수업을 구성하면 만족도 높은 결과로 이어질 수 있다.

강의를 진행할 때는 학습자를 대하는 강사의 자세와 태도도 중요하다. 학습자를 가르치기보다는 정보와 지식을 공유하고 함께 성장하는 동반자라고 생각해야 한다. 학습자 수준에 맞춰 강의안을 구성하고, 열린 마인드로 콘텐츠를 공유하면 만족도를 더 높일 수 있다.

강의장 도착시간은 강의시간보다 약 1시간에서 30분 정도 일찍 도착해 교육담당자와 인사를 나누고 미리 현장 분위기와 준비사항을 체크한다. 강의 도입부는 학습자와 인사를 나누며 관계를 형성하고, 강사 소개를 할 때는 강사의 전문성을 전달하고 공신력을 확보해야 한다. 교육목표 및 기대효과와 교육진행 일정에 대해 안내를 한다. 본격적으로 강의가 시작되면 학습자 중심의 수업을 통해 함께 소통하며 강의한다. 강의 마무리 단계에는 강의 내용을 요약정리하고 질의응답을 한다. 주어진 강의시간은 반드시 엄수해야 한다. 주어진 시간보다 일찍 마치거나 늦어지게 되면 행사 일정에 차질이 생긴다.

강사는 강의 대본을 잘 만들어야 한다. 학습자가 원하는 건 콘텐츠고, 대본에 콘텐츠가 담기기 때문이다. 인터넷 한 번만 검색하면 정보와 지식을 얻을 수 있는 세상이다. 모두가 알고 있는 식상한 지식과 정보가 아닌, 새로운 관점이 담긴 신선하고 트렌디한 콘텐츠를 준비해야 한다.

강의 대본을 구성할 때는 '글쓰기' 형식이 아닌 '논리구조' 형식의 대본으로 작성한다. 글쓰기 형식으로 대본을 작성하게 되면 핵심 키워드가 눈에 보이지 않아 논리 흐름과 맥락이 파악되지 않는다. 결국 이해도가 떨어지며 오래 기억에 남지 않는다. 반면, 디지털 마인드맵 같은 도구를 활용해 '논리구조' 형식의 대본을 만들면 핵심 키워드가 한눈에 보이고, 논리와 맥락과 흐름 중심으로 내용을 살펴볼 수 있어 이해력과 기억력을 높이는데 효과적이다. 스피치 대본 작성 및 스피치가 만들어지는 과정의 흐름을 자세히 알고 싶다면 《생각정리스피치》를 참고하자!

참고로 1시간 강의를 요청받았을 경우, 어떻게 프로그램을 구성하고 준비해야 하는지 강의계획표를 통해 노하우를 살펴보자.

[예시] 1시간 강의 프로그램 구성 및 노하우

프로그램	진행 방법
강의 도입부	목표는 강사와 학습자의 긍정적 관계 형성, 주제에 대한 관심 유발이다. 시간은 10분이 적절하다.
1. 준비하기	노트북, 빔 프로젝트, 포인터, 음향 및 각종 장비, 학습교재, 자리배치, 학습자 등을 체크한다.
2. 인사하기	밝은 미소와 함께 자신 있게 인사한다. 하는 일과 이름을 분명히 말한다. "《생각정리스킬》 저자 복주환입니다!"
3. 강사 소개	강의 이력 및 출간 저서 등을 간단히 소개한다. 단, 자랑은 금물. 소개를 통해 학습자들에게 신뢰를 얻는 게 목표다.
4. 마음 열기	옆에 있는 사람 또는 조 구성원들과 간단히 인사를 하거나 강사가 미리 준비한 선물을 주며 긍정적 관계를 형성한다.
5. 일정 안내	장시간 교육일 경우 오전, 오후 커리큘럼을 미리 안내한다. 쉬는 시간이 언제인지 공지하는 건 학습자에 대한 배려다.
6. 학습주제	학습 주제가 무엇인지 확실히 인지하게 하고, 교육목표 및 기대효과를 제시해 강의에 대한 관심도를 높인다.
본론 및 마무리	목표는 내용을 잘 이해시키고 기억하고 실천하게 하는 것이다. 시간은 본론은 45분, 결론은 5분이 적절하다.
7. 본론	서론, 본론, 결론에 대한 논리적인 흐름의 대본을 구성하고, 학습자 중심의 프로그램을 준비해 진행한다.
8. 마무리	학습자가 내용을 기억할 수 있도록 요약정리를 해주고, 현실적이고 구체적인 실천방안을 제시한다.
9. 질의응답	질의응답이 있을 경우 성심껏 답변을 해준다. 만약 답을 모를 경우, 모른다고 솔직하게 답변하고 추후 공부하자.
10. 맺음말	교육 이후로도 강사와 소통할 수 있는 방법을 소개한다. 꼭 기억해야 할 메시지를 전달하며 훈훈하게 마무리한다.

*본 프로그램은 1시간 강의계획표로 상황과 목적에 따라 변동이 가능하다.

생각정리기획력

07

혼자 가면 빨리 가지만
함께 가면 멀리 간다

🖊 __확장하기 & 버티기__

매월 똑같은 강의를 하면 지루하기도 하고 새로운 학습자를 만날 수 없기 때문에 분기별로 새로운 강의를 기획한다. 〈생각정리스킬〉을 메인 콘텐츠로 하되, 〈생각정리스피치〉〈생각정리기획력〉〈독서정리스킬〉 등 주제를 바꿔 실험적으로 콘텐츠를 기획했는데, 그때마다 반응이 뜨거웠다. 새로운 콘텐츠가 나오면 기존 학습자들은 새로움을 느꼈고, 한편으로는 새로운 학습자들과의 만남이 생겼다. 이처럼 강사는 새로운 콘텐츠를 늘 공부해야 한다.

그리고 향후 강사를 꿈꾸고 있다면 아무리 힘들어도 끝까지 버텨야 한다. 강사로서 이름이 알려지기까지는 생각보다 많은 시간이 걸린다. 당장 수익이 안 되더라도 콘텐츠에 가치가 있다고 생각되면 버텨야 한다. 이는 비단 교육 콘텐츠뿐만 아니라 유튜브 콘텐츠를 통해 활동하려고 해도 마찬가지다. 유튜버 대도서관 역시 "유튜버가 되려면 최소 1년은 버텨야 한다. 그래야 성과가 그때부터 나올까 말까 한다"고 강조했다.

주변을 둘러보면 강사 과정을 수료해 자격증을 발급받았는데 강의가 없다고, 혹은 콘텐츠를 기획했는데 성과가 나오지 않는다고 실망하는 분들을 봤다. 얼마 지나지 않아 금방 포기하는 경우도 봤다. 불안하기 때문이다. 나 역시 처음 〈생각정리스킬〉 콘텐츠를 만들어 프리랜서로 활동하면서 매일 밤 불안했다.

이 콘텐츠가 과연 계속 유지될까?

이 인기가 계속 유지될까?

사람들이 나를 안 찾아주면 어떻게 하지?

온오프믹스가 없어지면 어떻게 하지?

정말 잘하고 있는 걸까?

5년이 흐르고 주변을 돌아보니 당시 온오프믹스에서 진행했던 콘텐츠 중 살아남은 곳이 거의 없었다. 일부 버틴 사람들은 유지하고 있거나 더 확장했고, 버티지 못한 사람들은 소리없이 사라졌다.

나 역시 그 기간 동안 알마인드 공인강사에서 디지털 마인드맵 강사로 바꿨고, 디지털 마인드맵 강사에서 생각정리 강사로 확장했다. 그리고 온오프믹스에서 가장 인기 있는 강의가 되었을 때쯤, 이곳을 떠나야 한다고 마음 먹었다. 우물 안에서 최고라고 인정받는 개구리가 아닌 더 큰 세상에 내 콘텐츠를 알리고 싶었다. 그 우물 밖이 궁금했다.

다행히 온오프믹스에 올려놓은 생각정리 콘텐츠가 알려지며 한 달에 두세 번씩 기업과 대학교 출강이 시작되었다. 하지만 외부강의가 많은 편은 아니었다. 외부강의가 없을 때는 평소와 같이 온오프믹스에서 공개특강과 정규과정을 진행했다. 무언가 전환이 필요한 시점이었다. 더 많은 사람들에게 콘텐츠를 알릴 수 있는 방법은 무엇일까? 무엇을 해야 더 큰 세상으로 나아갈 수 있을까?

강사 에이전시를 만나다

인터넷을 뒤져보며 기업교육을 할 수 있는 방법을 꾸준하게 찾아봤다. 〈생각정리스킬〉 과정이 온오프믹스 시장에서는 인기강좌지만, 언제까지 이곳에만 머물 수 있는 게 아니었다. 만일 플랫폼이 없어질 경우 내 존재도 순식간에 없어진다는 생각을 했다. 불안했다. 어떻게 해야 할까?

SNS 마케팅이 필요했다. 나를 알릴 수 있는 채널은 네이버 블로그나 카페, 카카오스토리, 페이스북, 인스타그램, 유튜브 등이 있었다. 하지만 교육에 집중하다 보니 홍보까지 하기에는 버거웠다. 나를 대신해서 SNS를 관리해 줄 수 있는 사람은 없을까? 광고성이 아니라 진정성 있게 포스팅을 해주고 협업을 해줄 수 있는 사람이 없을까? 그러던 중 인터넷에서 강사 관련 포스팅이 꾸준히 올라오는 강사 에이전시 블로그를 발견했다. 강사 에이전시가 뭐지? 마치 연예인 에이전시처럼 강사를 도와주는 곳인가? 전화를 했다.

"안녕하세요. 저는 생각정리스킬 복주환 강사라고 합니다.
강사 에이전시 협업 관련해서 상담을 드리고 싶어서 연락드렸습니다."

첫 미팅을 가졌다. 강사 에이전시의 역할에 대해 자세한 설명을 들었다. 강사 에이전시의 역할은 강사가 기업교육 전문가로 성장할 수 있도록 돕는 일을 한다. 교육프로그램 개발 및 홍보전략을 함께 세우고, SNS 채널을 관리해 준다. 기업에 교육 제안을 하고 필요한 경우 강사의 스케줄을 관리해 주기도 한다. 대표님의 설명을 들으며 전문성과 내공을 느꼈다. 미팅 후, 내 강의를 찾아와 청강한 후 〈생각정리스킬〉의 가치와 가능성을 높게 평가했다. 기업교육 트렌드에 맞고 확장성 있는 콘텐츠에 강의력이 좋기 때문에 잘만 준비하면 기업에서 요청이 많아질 거라고 예측했다.

대중 강연과 기업 강의는 다르기 때문에 오랜 시간 함께 대화를 나누며 전략을 세웠다. 기업은 개인이 아니라 조직이다. 온오프믹스에

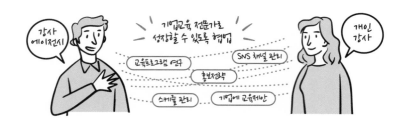

서 만난 학습자 분들을 대상으로 했던 교육과 기업교육은 확연히 차이가 있었다. 기업교육은 신입사원, 중간관리자(대리급, 과장급), 임직원 등으로 직급이 나뉘고, 직무는 연구직, 영업직, 관리직, 마케팅, 전략기획, 경영지원 등으로 분류된다.

기업에서 외부강사를 부르는 이유는 단지 동기부여를 위해서가 아니다. 조직의 문제를 해결할 수 있는 솔루션을 외부 전문가를 통해 얻기를 원하기 때문이다. 예를 들어 H기업에서는 보험 영업사원들이 보험 스크립터를 빠르게 이해하고, 암기하고, 표현하는 스킬이 부족하다고 판단했다. 이때 교육담당자는 〈생각정리스킬〉 콘텐츠로 그 문제를 해결할 수 있다고 판단했기 때문에 나를 부르는 것이다. 또 S기업에서 신입사원 대상으로 교육 요청이 왔는데, 주제는 '자기소개서 작성 생각정리스킬'이었다. 신입사원이 워크숍을 마치면 부서로 재배치를 받는데, 이때 자기소개서를 명확하고 구체적으로 써야 한다. 그런데 신입사원들의 자기소개서가 비논리적이다 보니 '생각정리스킬' 과정을 통해 주어진 시간 동안 자기소개서를 논리적으로 작성하는 방법을 요청한 것이다. 이처럼 기업교육 강사는 문제를 해결할 수 있는 전문가여야 한다.

처음 강의를 하려는 강사들은 기업교육의 길을 몰라 답답한 경우가 많다. 이때 경험이 많은 강사 에이전시와 협업을 하면 좋은 시너지가 생긴다. 물론 협업을 하면서 발생하는 비즈니스 비용은 에이전시와 나누게 되지만(에이전시마다 상황에 따라 8:2, 7:3, 6:4, 5:5 등으로 수수료가 다르다) 시너지가 발생한다면 아까운 비용이 아니다.

나 역시 강사 에이전시와의 협업을 통해 빠르게 기업교육 시장에

진출했고, 이후 〈생각정리스킬〉은 기업교육에 맞춤형 교육으로 발전되어 갔다. 기업에서 발생하는 수많은 문제가 생각정리가 안 되는 것에서 발생하는 문제가 많았기 때문이다. 생각정리스킬 교육은 생각(기획력), 언어(말과 글), 행동(실행력)을 모두 다루는 주제이며, 이는 기업 현장에서 꼭 필요한 주제였다.

08

멈추지 않는 도전

✏️ **지지자와 저지자**

콘텐츠를 만드는 과정에서 많은 사람들을 만난다. 그중에는 나를 응원해 주고 내 말이 옳다고 믿어주는 지지자, 내 생각에 대해 비판하고 때로는 근거 없이 비난하는 저지자가 있다. 그럼, 콘텐츠를 만들 때에는 어떤 사람이 필요할까? 나는 지지자와 저지자가 모두 필요하다고 생각한다. 특히 콘텐츠를 만들어 가는 과정에서는 지지자가 중요하다. 네 말이 옳다고, 맞다고 응원을 받으면 힘이 나서 더 몰입하게 된다. 생각정리클래스에서 콘텐츠를 기획할 때, 자신이 직접 기획한 콘텐츠에 대한 생각을 옆 사람과 이야기하도록 하는데 그때 규칙은 비판 금지다. 어떤 말을 하더라도 공감해 주고, 더 아이디어를 붙여주기가 규칙이다.

하지만 지지자만 있으면 콘텐츠가 성장하지 않는다. 때로는 내 콘텐츠에 대해 반론해 줄 수 있는 저지자도 만나야 한다. 나도 그랬다. 독자가 쓴 글을 보고 반성하기도 하고, 교육담당자의 의견을 귀담아 듣기도 하고, 교육업계 사람들에게 객관적으로 〈생각정리스킬〉에 대한 평가를 받으며 부족한 점을 보완해 나갔다.

이는 글을 쓸 때도 마찬가지다. 일단 글을 써내려갈 때는 내 자신의 생각이 옳다고 지지자의 입장으로 글을 써야 막힘이 없다. 적어도 초고 과정에서는 내 생각을 자유롭게 펼쳐나가는 게 목적이기 때문에 하고 싶은 말을 최대한 자신 있게 끄집어내야 한다. 하지만 탈고를 해나가는 다듬기 과정에서는 나 자신의 생각을 비판적으로 바라볼 필요가 있다. 나의 주장이 과연 맞는지, 근거가 합당한지, 논리가 어수선하지는 않은지 등을 생각하면서 글을 다듬어 나가야 한다. 그리고 이 과정은 독자를 위한 것이다. 독자에게 필요한 내용을 쓰기 위해서는 나에게 냉정해질 필요가 있다.

✎ 삼성에서 교육 요청이 오다

> "안녕하세요? 복주환 강사님!
> 삼성전자에서 교육을 요청합니다."

드디어 기다리고 기다리던 곳에서 연락이 왔다. 강사가 되면서 꼭 강의를 해보고 싶었던 기업에서 출강 요청이 들어온 것이다. 그런데 막상 연락을 받고 나니, 기대감과 두려움이 동시에 느껴졌다. 대기업에서도 〈생각정리스킬〉 교육 콘텐츠가 통할지, 아니면 준비가 더 필요한 상황인지 고민이 되었다. 하지만 도전해 보기로 했다. 오랜 시간 동안 수많은 학습자들을 만나며 만들어 온 내공이 내 안에 있음을 믿었기 때문이다.

우선 삼성전자에 교육을 갔었던 강사님들께 연락을 드려 자문을 구했다. 삼성전자는 어떤 분위기고, 어떻게 교육을 해야 만족도가 높게 나오는지 물어 보았다. 해당 직무에서 근무하고 있는 사람들이 하고 있는 일이나 특성, 그들이 필요로 하는 니즈도 분석했다.

드디어 첫 교육, 시작 시간은 오전 9시였다. 단단히 준비를 하고 교육장에 도착했다. 현장을 살펴보니 다른 교육장과 사뭇 다른 모습이었다. 맨 뒤에 테이블이 하나 더 있었는데, 5명의 교육 참관자가 자리에 앉아 있었다. 이런 경우는 처음이었다. 보통 1~2명 담당자가 있는 경우는 봐왔지만, 이렇게 많은 담당자가 있긴 처음이었다. 그렇게 교육업체 2명, 삼성전자 교육담당 3명이 함께 청강을 했다. 프로필을 보니 나이도 젊고 기업교육 경력도 많지 않아 검증이 필요했던 것이다. 하지만 콘텐츠가 좋다는 소문을 들은 그들은 〈생각정리스킬〉 교육에 대해, 그리고 강사인 나에 대해 모두 기대를 하고 있었다.

> "안녕하세요. 생각정리스킬
> 복주환 강사입니다. 반갑습니다."

1교시가 끝났다. 학습자들은 즐거워했고, 담당자들의 표정은 밝았다. 쉬는 시간, 화장실에 갔는데 갑자기 쌍코피가 터졌다. 어찌나 최선을 다해서 강의를 했는지…. 백조의 겉모습은 화려하지만 치열한 발놀림처럼 자신감 있고 태연하게 강의했지만 엄청난 긴장을 하고 있었던 모양이다. 솔직히 삼성전자에서 교육을 한다는 것은 엄청난 부담이었다. 실제로 기업교육 현장에서는 즉시평가가 이루어지기 때문에, 첫 강의에 실패할 경우 더 이상 기회가 없다. 그리고 기업교육 담당자, 교육컨설팅회사 담당자들은 서로 네트워크가 있어 어떤 강사가 강의를 잘하고 못하는지 바이럴이 빠르다. 한마디로 이번 강의를 못하게 되면 여파가 상당하다는 것을 몸소 느끼고 있었다. 강사로서의 생존이 달려 있었고, 또 내 콘텐츠가 삼성전자에서 인정을 받느냐 아니냐 하는 내 자존심이 걸린 문제이기도 했다.

다행히 교육을 잘 마쳤다. 그리고 며칠 뒤부터 〈생각정리스킬〉 교육 요청이 쇄도하기 시작했다. 해마다 삼성전자 신입사원 전체 교육부터 시작해, 중간관리자급 강의 요청이 추가로 들어왔다. 삼성전자의 주요 부서들을 모두 돌며 강의를 했다. 사람을 자주 보면 그 사람을 이해할 수 있듯이, 한 기업도 자주 보니 그 기업을 잘 이해할 수 있었다. 젊은 강사라는 장점을 살려 신입사원과는 눈높이에 맞게 교육할 수 있었다. 그리고 삼성전자 교육담당자의 한마디는 그동안 '생각정리' 콘텐츠에 대한 나의 노력에 대해 평가를 해주는 귀한 한마디였다.

"복 강사님, 올해 강의 만족도 1위 하셨더라구요.
내년에도 잘 부탁드립니다."

4장

✦

베스트셀러를 넘어 스테디셀러를 향해!

✦

01

콘텐츠의 완성은
책 출간!

〈생각정리스킬〉 강의를 시작한 지 3년이 지나자 강의·강연 플랫폼인 온오프믹스에서 인기강좌로 입소문이 났다. 수많은 학습자들이 강의를 찾아주었고, 만족도도 높은 편이었다. 강의를 수강한 학습자가 지인들에게 소개를 해주었다. 새로운 과목을 개설하면 항상 함께해 주시는 학습자들도 생겨났다.

매월 10회의 생각정리클래스 공개특강·정규과정 진행일정을 제외하고, 나머지 일정은 전국 팔도를 다니며 강의했다. 대중교통으로 이동하기 어려운 상황이 되어 급하게 면허를 따고 차도 한 대 장만했다. 강의 덕분에 태어나 처음으로 제주도도 가보았다. 강의 겸 여행도 하고, 강의 장소의 인근 맛집 탐방도 다니면서 강사라는 내 직업에 감사함을 많이 느꼈다. 쏟아지는 강의 요청으로 인해 쉴 새 없이 바빴지만 정말 행복했다. 그러다 문득 이런 생각이 들었다.

"책을 써야 한다!
책을 내고 싶다!"

나는 계속 마음속으로 이렇게 외쳤다. 내 이름의 책이 필요한 바로 그 타이밍이 온 것이다. 평소 책 읽는 걸 좋아해서 다방면의 책을 읽어왔다. 실용서뿐만 아니라 인문학, 철학, 심리학 그리고 소설, 시 등 다양한 분야의 책을 읽었다. 많은 양서를 접하다 보니 책에 대한 기준이 높아졌고, 작가들에 대한 경외심도 커졌다. 만약 내가 책을 쓴다면 제대로 만들어야 한다는 생각을 했다. 아직 책을 쓰지도 않은 상태였지만, 만약 책을 쓴다면 '베스트셀러를 넘어 스테디셀러! 즉 오래 살아남는 책'을 반드시 쓰고야 말겠다는 열망이 가득했다.

책을 쓰고자 하는 사람들은 저마다 책을 쓰고 싶은 이유가 있을 것이다. 나 역시도 책을 써야만 하는 이유가 크게 3가지 있었다.

첫째, 학습자를 위한 교과서를 만들고 싶었다.

둘째, 강사 활동을 하는 데 있어서 콘텐츠에 대한 체계를 잡고 싶었다.

셋째, 〈생각정리스킬〉을 책으로 쓰지 않으면 콘텐츠가 사라져 버릴 수 있다는 불안감이 항상 존재했다.

02

책이 꼭 필요했던
3가지 이유

✎ 첫째, 생각정리클래스 학습자를 위해

생각정리클래스를 운영하며 학습자를 위한 〈생각정리스킬〉 교과서
가 필요했다. 강의를 할 때 사용하는 워크북은 있었지만, 아쉽게도
교과서가 없었다. 많은 학습자들이 강의 전후로 예습과 복습을 원했
는데, 그때마다 간단한 교재를 인쇄해서 나눠주기는 했지만 요약본
이라 항상 아쉬움이 있었다. 그럴 때마다 나는 《생각정리스킬》 책이
있으면 참 좋을 텐데….' 하는 생각을 했다.

　한 번은 교육에 참석한 학습자가 친구와 있었던 에피소드를 이야
기해 준 적이 있다. 학습자의 친구가 그에게 "너 요즘 어떻게 지내?"
라고 물었는데, 그가 "나 요즘 '생각정리스킬' 배우고 있어"라고 하니
친구가 이렇게 말했다고 한다.

"어? 생각정리스킬이 뭘 배우는 거야?? 명상하는 곳이니???"

왜 이런 대화가 오갔을까? '생각정리'라는 말 자체가 굉장히 애매하고 추상적이기 때문이다. 어떤 사람에게는 고민을 정리하는 것일 수도 있고, 어떤 사람에게는 시간을 관리하는 것일 수도 있다. 또 어떤 사람에게는 스트레스 관리일 수도 있고, 어떤 사람에게는 명상일 수도 있고, 공부나 노트필기를 정리하는 것일 수도 있다.

그렇기 때문에 '생각정리'나 '생각정리스킬'이라는 단어만 들어서는 〈생각정리스킬〉이 어떤 교육인지 이해가 안 될 수도 있다. 직접 강의를 듣고 경험해 보아야만 내가 주장하는 〈생각정리스킬〉이 무엇인지 비로소 알 수 있었다. 하지만 만약에 책이 있다면 어떨까?

> **학습자의 친구** : 너 요즘 어떻게 지내?
>
> **학습자** : 나 요즘 '생각정리스킬' 배워~
>
> **학습자의 친구** : 어? 그게 뭔데?
>
> **학습자** : (《생각정리스킬》을 내밀며) 이 책에 나오는 내용이야!

얼마나 간단하고 당당한가? 그렇기에 학습자들을 위해 하루 빨리 책을 써야 되겠다는 생각을 했다. 물론 책을 쓴다는 건 쉽지 않은 일이다. 하지만 생각정리에 대해 먼저 공부했던 내가, 생각정리가 필요한 분들을 위해 생각정리 교과서를 만드는 것이 나의 사명이라고 생각했다.

둘째, 생각정리스킬을 가르치는 나를 위해

학습자들을 위한 교과서도 필요했지만, 강사인 나를 위해서도 교과서가 필요했다. 고백하건데, 강사인 나를 위해 책을 만드는 이유는 사실 내가 기억력이 별로 안 좋기 때문이다. 날마다 새롭게 업데이트하는 콘텐츠들을 다 기억해 내고 싶었다. 하지만 기억력이 좋지 않은 탓에 시간이 지나면 좋은 내용도 금방 잊어버렸다.

컨디션이 좋은 날 강의를 할 때면, 학습자들은 나에게 명언제조기 같다고 했다. 그들과 소통하다 보면 내 안의 지식들이 마치 방언처럼 쏟아져 나왔기 때문이다. 문제는 강의 콘텐츠가 휘발성이 강하다는 것이다. 강의는 글이 아니라 말로 전달된다. 말로 내뱉는 순간 누군가에게 전달되거나, 혹은 허공에서 허무하게 사라져 버리기도 한다. 말은 시간이 지나면서 머릿속에서 잊혀져 버리거나, 왜곡이 되어 기억에 남게 된다. 이러한 말의 특성 때문에 강사로서 항상 고민이 많았다.

게다가 강의가 많아지면서 만나는 대상에 따라 새로운 콘텐츠를 개발해야 했다. 기업교육 담당자들은 조금 더 세밀한 분야의 교육과 정을 원할 때가 있었다. 그래서 나 역시도 세분화된 교육을 만들어 나갔다. 예를 들어 기업에서 교양과목으로 교육에 초청해 주면 〈생각 정리독서법〉을, 기업에서 새로운 아이디어가 필요한 상황일 때는 〈생각정리기획력〉이라는 강의 콘텐츠를 만들었다.

하지만 기억력이 좋지 않은 탓에, 새로운 강의 콘텐츠를 만들어 가는 과정에서 기존의 괜찮았던 콘텐츠들이 머릿속에 남아있지 않았다. 예를 들어 1, 2년 전 강의에서도 좋은 내용들이 많았는데, 책의 형태로 문서화되지 않아 기억이 계속해 증발하는 것이다. 그래서 '지금까지 검증된 내용의 좋은 콘텐츠들은 책으로 잘 정리해 두자!'라는 생각을 했다. 그때그때마다 콘텐츠를 만들고, 잘 정리해 체계를 잡아 놓고 싶었다. 지식의 체계를 만드는 데 가장 좋은 방법이 바로 책이라고 생각했고, 〈생각정리 시리즈〉를 한 권 한 권 펴내어 나만의 지식대백과사전을 만들고 싶었다.

《생각정리스피치》에서도 언급했듯이 실제로 스타강사들은 책이라는 형태로 강의 대본을 만든다. 실력으로 인정받는 그들만의 노하우는 바로 책 집필이었다. 책을 쓰는 과정에서 주제에 대한 생각이 정리되고, 정제되고, 다듬어지기 때문이다. 그런 의미에서 나 역시 그동안 생각정리에 대해 연구하고 공부해 왔던 내용을 《생각정리스킬》이라는 책 콘텐츠로 한데 모아보고 싶었다. 그리고 그것이 강사인 나에게 진짜 공부가 될 것이라는 생각이 들었다.

한편 초조해지기도 했다. 어느 날 갑자기 이런 생각이 들었다. 그래서 혼자 회의를 했다.

> **질문하는 나** : 만약 내가 책 한 권 내지 못하고, 강의를 더 이상 하지 못하는 상황이 오면 어떻게 될까?
>
> **불안해 하는 나** : 그런 상황이 되면 내가 오랜 시간을 바쳐 어렵게 만들어낸 〈생각정리스킬〉이 순식간에 사라지고 말거야….

이렇게 혼자 회의를 하며 불안해하는 나 자신을 보게 되었다. 마음을 다 잡고 다시 혼자 회의를 했다.

> **불안해 하는 나** : 정말 불안해…. 그럼 어떻게 하는 게 좋을까?
>
> **확신하는 나** : 어떻게 하긴 뭘 어떻게 해. 어떻게 해서든 책을 써야지!

내가 깨달은 〈생각정리스킬〉의 힘을 사람들에게 꼭 전하고 싶었다. 이것이 인생에서 얼마나 중요하고 필요한 가치인지 알려주고 싶었다. 하지만 강의만으로는 정말 쉽지 않았다. 내 몸은 하나이고, 하루는 24시간으로 한정되어 있다. 아무리 많은 학습자를 만나더라도 1회성으로 끝나는 만남이 대부분이었다. 그렇기 때문에 생각정리를 지속적으로 알리기는 쉽지 않았다. 콘텐츠를 책이라는 형태로 기록·보전하고 싶었고, 책을 통해 콘텐츠를 세상에 널리 알리고 싶었다.

그렇게 나는 〈생각정리 시리즈〉를 책으로 쓰겠다는 결심을 했다.

만약 이때 내가 확신을 갖지 못했다면 어땠을까? 주변 사람들의 걱정과 염려에 책을 쓰지 못했을지 모른다. 아직 어린 나이고, 학력과 경력이 부족하니 책을 쓰는 것은 무리라고 했을지도 모를 일이다. 그리고 그 말을 믿은 나는 행동하지 않았을지 모른다. 그럼 〈생각정리 시리즈〉 3권의 책을 써낸 지금의 나는 없었을 것이다. 하지만 나는 안정 대신 모험을 택했다. 책을 써야 하는 타이밍이 왔다고 믿었기 때문이다.

생각정리의 힘을 널리 알리겠다는 비전을 가지고 집필을 시작했다. 디지털 마인드맵을 활용해 그동안의 강의 내용을 정리했다. 이미 강의로는 하루 2시간씩 초급 4회, 중급 4회, 고급 8회 과정으로 총 30시간 이상의 강의를 해왔다. 그런데 이 중에서 무엇을 책으로 담아야 할까? 막상 책 쓰기를 시작하니 어떤 콘텐츠를 담아야 할지 선택하

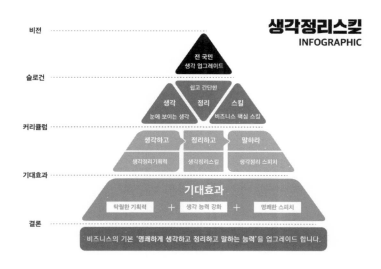

는 것조차 쉽지 않았다.

　한글 문서에 글을 써내려가며 책에 담고 싶은 내용을 적어봤다. A4 용지에 생각정리스킬을 도식화해 그렸다. 하루 종일 콘텐츠에 대해 생각하고 이야기했다. 내가 말하고 싶은 한마디가 뭘까? 생각정리스킬 범위가 너무 넓은데 어떻게 범위를 잡아야 할까? 서점에서 처음 만나게 될 독자를 위해 책에 어떤 내용을 담아야 할까? 머릿속은 언젠가 출간될《생각정리스킬》에 대한 생각으로 가득했다.

03

우연히 찾아온 출간 기회,
운명을 바꾸다!

✎〰〰 책 쓰기는 의지만 있으면 혼자서 준비할 수 있다!

그런데 얼마 못가 난관에 부딪혔다. 책을 출간하고 싶은 마음은 컸지
만 방법을 몰랐다. 어떻게 책이 만들어지는지, 어떤 출판사를 선택해
야 하는지 출판에 대한 기본상식이 없으니 막막했다. 책은 단순히 지
식·정보·생각 등을 끄집어내 글을 써내려간다고 해서 만들어지는
것이 아니었다. 아마 책을 쓰고자 하는 수많은 예비작가들이 나와 같
은 고민을 했을 것이다. 그리고 이 과정에서 많은 사람들이 책 쓰기
를 포기한다.

 난관을 극복하기 위해 책 쓰기에 대한 책을 찾아 읽었다. 나는 어
떤 일을 시작하기 전, 모르는 게 있으면 책부터 찾아보는 편이다. 어
떤 주제라도 관련 도서 30권 정도를 읽으면 맥락이 잡히기 때문이다.

책 쓰기 책을 읽어보니 대부분 책 쓰기 수업을 진행하고 있는 강사들이 쓴 책들이었다. 한 번은 책 쓰기 무료특강이 있다기에 직접 찾아가 강의를 들어봤다.

"책을 써야 성공합니다!

책을 써야 부자가 됩니다!!

책을 써야 인생이 바뀝니다!!!"

2시간 특강 중 80%가 이렇게 책 쓰기 동기부여를 하는 내용이었다. 물론 책을 쓰면 성공을 하고, 부자가 되고, 인생이 바뀔 수 있다는 말은 당연히 일리 있는 말이지만 내가 듣고 싶은 말은 그게 아니었다. 수단과 목적이 뒤바뀐 허황된 이야기 같았다. 나는 단순히 돈을 벌고 싶어서 책을 쓰고 싶은 게 아니었다. 충격적이었던 건 책 쓰는 방법을 알려주는 대가로 수백에서 수천만 원 이상의 컨설팅비용을 받고 있었다. 과연 그 정도 큰 비용을 들여 들을 만한 가치가 있는 수업인가? 특강을 듣고 집으로 돌아오는 길에 생각했다. 당장은 아니더라도 언젠가 '생각정리' 콘텐츠를 알아봐 주는 출판사가 분명히 있을 거라 믿었다. 그러니 성급하게 생각하지 말고, 욕심내지 말자고 마음을 다잡았다.

"그래! 조금 느리더라도

내 힘으로 스스로 책을 써보자!"

만일 책을 출간하는데 1,000만 원을 요구한다면 차라리 그 돈으로 책을 출판하는 게 아니라 〈생각정리스킬〉 콘텐츠의 질을 높일 수 있는 지식과 정보에 투자하는 게 더 현명하다고 생각했다. 책 쓰기를 독학하기로 마음 먹었다. 그때부터 출판과 관련된 책부터 시작해 글쓰기, 기획, 디자인, 마케팅, 브랜딩, 교정·교열, 편집 등 책 쓰기에 도움이 되는 책을 읽어나갔다. 책 쓰기에 관한 매뉴얼도 직접 만들었다. 독학으로 하는 거라 불안했지만 한편으로는 자신이 있었다. '책쓰기도 결국 콘텐츠에 관한 생각정리가 아닌가?' 하는 생각이 들었기 때문이다. 특히 책을 집필하는 프로세스와 방법을 이해하고 나니 혼자서 책을 쓸 수 있겠다는 자신감이 생겼다.

✏ 새는 알에서 나오려고 투쟁한다

그때부터 나는 강의를 마칠 때면 학습자들에게 나의 목표를 선포했다. 이 말은 나와의 약속을 지키기 위한 말이기도 했다. 책을 써야겠다고 마음먹은 순간부터 가장 중요했던 건 목표를 잃지 않는 일이었다.

> "2017년 내년에는 꼭 〈생각정리스킬〉
> 책이 세상에 나올 겁니다!"

나는 매일매일 나 자신과 사람들에게 소리 내어 말하며 어떻게 해서든 내년에는 꼭 책을 내겠다는 목표를 상기시켰다. 콘텐츠를 기획하는 활동을 하다 보면 직관적으로 알게 되는 타이밍이 있다. 본능적으로 다음 단계가 무엇인지 알게 된다. 재능기부 강의를 하다가 온오프믹스 강의를 하게 된 것도 그렇고, 기업 강의를 하게 된 것도 그렇고, 삼성전자에서 강의를 하게 된 것도 그렇고, 책을 쓰게 된 것도 마찬가지다.

하나의 콘텐츠에 몰입을 하고 있으면, 누가 말해주지 않아도 내면에서 알려주는 힌트 같은 걸 느낄 때가 있다. "지금 이걸 해야 하는 타이밍이야!"라고 말하는 것처럼 말이다. 어쩌면 그 외침은 더 큰 세상으로 나가라는 메시지이기도 한데, 벗어나지 못하면 현재에 머무를 것이고, 이곳을 벗어나면 더 큰 세상에서 활동을 할 수 있다는 생각에 욕망이 꿈틀거린다. 지금에 만족하지 않고 더 나은 세상으로 가고자 하는 크리에이터의 본능이 나를 움직였다.

다른 크리에이터들도 마찬가지일 것이다. 유튜버를 하다 때로는 강연을 해야 하는 상황에서 두려움을 느낄 것이고, 그러다 책을 써야 하는 상황이 오면 더 큰 두려움을 느낄 것이다. 콘텐츠를 더 많은 사람에게 전하고 싶은데, 자신이 잘해왔던 플랫폼에서 벗어나 새로운 플랫폼으로 이동하기에는 엄청난 부담감이 생긴다. 아마 이 책을 읽는 여러분들도 콘텐츠 크리에이터가 되고 싶다는 설레는 마음과 두려움 모두 공존할 것이다. 그래서 헤르멘 헤세는《데미안》에서 또 다른 세계로 가기 위해서는 투쟁을 해야 한다고 말했나 보다.

"새는 알에서 나오려고 투쟁한다. 알은 세계다.
태어나려는 자는 하나의 세계를 깨뜨려야 한다!"

✒ 기적처럼 출간의 기회가 찾아오다!

어느 날 우연치 않은 기회가 찾아왔다. 그날은 〈생각정리스피치〉 공개특강이 있는 날이었다. 다양한 학습자들이 강의에 참석했다. 그중에 교수·강사처럼 보이는 두 분이 자리에 앉아있었다. 먼저 명함을 주고받지 않아 정체는 알 수 없었지만 외모만 봐도 전문가임을 알 수 있었다. 보이는 모습과 달리 겸손한 태도로 수업에 참여해 주었다. 그들은 시종일관 밝은 표정으로 끝까지 강의를 경청해 주었다.

"내년 1월 〈생각정리스킬〉이 책으로 나올 겁니다!"

그날도 어김없이 말했다. "꼭 책이 출간이 될 수 있게 응원해 주세요. 생각정리 교과서가 나오면 가장 먼저 여러분들께 선물 드리겠습니다!" 학습자들의 열렬한 박수를 받으며 감동적인 분위기에서 수업을 마쳤다.

수업이 끝나고 그분들이 내게 다가왔다. 강의를 잘 들었다며 명함을 줬는데, 알고 보니 그들은 스피치 분야 베스트셀러 저자이자 강사분들이었다. 인터넷 검색 중 〈생각정리스킬〉과 〈생각정리스피치〉를 발견했는데 콘텐츠가 흥미로워서 찾아왔다고 했다. 강의를 들어보니 많은 분들이 알았으면 좋겠고, 책으로도 꼭 출간되길 바란다고 말해 주었다. 동종업계의 선배님들이 나를 인정해 주고 먼저 손을 내밀어 주어 큰 감동을 받았다.

"네! 감사합니다. 좋은 책을 만들 수 있도록 포기하지 않고 노력하겠습니다."

그리고 운명을 바꾼 한마디!

"괜찮으시면,
저희 출판사 대표님을 소개해 드려도 될까요?"

생각정리기획력

04

23년 차 에디터를 사로잡은
기획서의 비밀

✏️ **상대방의 취향을 분석하라**

소개받은 분은 당시 23년 동안 현업에서 책을 만든 출판사 대표님이
었다. 물론 소개를 받았다고 해서 무조건 계약이 보장되는 것은 아
니었다. 출판사에는 하루에도 수십 통의 출간 제안서가 온다고 한다.
그 많은 사람들 중에 예비저자로 소개받은 것뿐이다. 중요한 건 미팅
이 아니다. 출간 계약을 해야 했다. 선택 받으려면 차별화가 있어야
한다고 생각했다. 이번 기회를 절대로 놓치고 싶지 않았다. 어떻게
하면 출판사 대표님의 마음을 사로잡을 수 있을까? 미팅 일주일 전
부터 고민하기 시작했다.

먼저 출판사 대표님의 페이스북을 검색해 들어갔다. 최근에 올라
온 글을 보며 무엇을 좋아하는지 취향을 분석했다. 글을 꼼꼼히 읽

어보며 대표님과 연결지점을 생각해 봤다. 다행히 나와 취향이 비슷했다.

"첫째, 대표님은 가수 김광석을 좋아한다. 나도 김광석을 좋아한다. 둘째, 나와 같은 종류의 커피를 좋아한다. 셋째, …."

그리고 대표님이 그동안 출간했었던 책을 미리 찾아 읽어봤다. 대표님은 그동안 수백 권의 책을 만든 에디터였는데, 그중에는 내가 이미 읽고 소장하고 있는 책도 많았다.

요청하지는 않았지만 출간제안 관련 자료를 인쇄해서 미리 준비했다. 첫째는 저자 소개, 두 번째는 출간기획서, 세 번째는 경쟁도서 분석이다. 각각 요약본을 한 페이지씩 준비했고, 자세한 내용은 뒤에 첨부해 놨다. 드디어 출판 미팅 당일, 떨리는 마음으로 약속장소로 향했다.

"대표님, 어떤 커피 좋아하시나요?
전 카라멜 마끼아또를 좋아해요."

"오! 저도 그 커피 좋아해요.
주환 씨와 취향이 비슷하네요. 하하."

첫 만남이라 어색할 수 있었는데, 취향에 대해 가벼운 대화를 나누다 보니 편안한 분위기가 만들어졌다. 김광석 노래에 대한 이야기, 출판사에서 과거에 출간했던 책 이야기 등 미리 준비한 주제에 대해 말하며 공감대를 형성했다. 자연스럽게 《생각정리스킬》 출간 논의가 시작됐다. 나는 비장한 마음으로 준비한 출간제안서를 보여주며 브

생각정리기획력

리핑을 시작했다. 주어진 시간이 짧을 거라고 예상했기 때문에 시간을 알맞게 분배했다.

✎ 1. 저자 소개

출간제안서를 먼저 보여드릴 수 있었지만, 〈생각정리스킬〉은 내 삶을 빼놓고 말할 수 없는 콘텐츠이기 때문에 '나'에 대해 먼저 소개했다.

나는 어떻게 살아왔고 어떤 노력을 해왔는지, 책을 쓰기로 결심한 이유는 무엇인지, 한마디로 복주환은 왜 '생각정리스킬'인지를 말했다. 말로만 하면 임팩트가 없을 거 같아 '인생그래프'를 한 페이지로 도식화해 내 삶에 대해 그림 그리듯 설명했다. 과거에 생각정리를 못

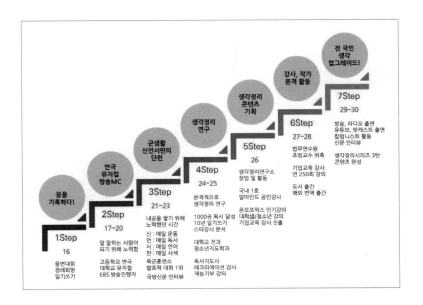

했던 사람이 어떻게 현재는 '생각정리스킬'을 강의하게 되었고, 미래에 어떤 모습으로 성장해 가고 싶은지 열정적으로 말했다.

✎ 2. 출간기획서

미팅 중 가장 중요했던 내용은 《생각정리스킬》 출간기획서였다. 출간기획서를 만들고자 30가지 이상의 기획서 양식을 찾아 분석해 누가 봐도 이해하기 쉬운 최적의 양식으로 재구성했다. 기획서의 포인트는 출판사 대표님이 《생각정리스킬》에 대해 의문이 없게 하는 것이었다. 대표님이 나의 생각을 잘 이해할 수 있도록 결론부터 말하고, 에피소드와 함께 쉽게 풀어서 이야기했다. 다음 기획서는 당시 사용했던 출간기획서를 아주 간단히 요약한 내용이다. 이것을 바탕으로 브리핑했다.

《생각정리스킬》 출간기획서	
분 야	어떤 분야의 책인가? – 자기계발 / 실용서
제 목	제목은 무엇인가? – 생각정리스킬
부 제	책을 한 문장으로 요약하자면? – 명쾌하게 생각하고 정리하고 말하는 방법
컨 셉	어떤 차별화된 컨셉의 책을 쓰고 싶은가? – 10년 동안의 생각정리 노하우 / 생각정리스킬 입문도서
P R	책에 대한 공신력을 어떻게 확보할 수 있는가? – 강연 플랫폼 2년 연속 인기강좌(전체 1위)

저 자	저자는 누구인가? – 복주환 / 알마인드 강사 / 법무연수원 검사대상 초빙교수
목 차	내용을 어떻게 구성했는가? – 1장 생각정리 필요성 / 2장 원리와 방법 / 3장 생각 로드맵 4장 아이디어 기획 / 5장 스피치 / 6장 독서법 / 7장 인생정리
예상독자	예상 독자는 누구인가? – 머릿속이 복잡한 직장인 – 학업에 관심이 많은 대학생·청소년 – 콘텐츠 기획이 필요한 강사·저자
집필목적	그들에게 이 책이 왜 필요한가? – 대상마다 필요한 이유 상세히 설명
출 간 일	전략적으로 언제 출간할 것인가? – 2017년 1월, 생각정리에 관심이 많은 시기
홍보전략	마케팅/홍보 전략이 있는가? – 오프라인 강연 / 기업교육 / SNS 채널 홍보

3. 경쟁도서 분석

여기까지 출간 브리핑을 하니 대표님이 날카로운 질문을 했다. 기존 '생각정리' 도서는 무엇이 있으며, 어떤 차별화 전략이 있냐는 질문이었다. 당시 나는 관련 도서를 이미 300권 이상 분석한 상태였다. 생각정리 기존 도서, 베스트셀러 도서, 유사 콘셉트 도서들, 외국 서적 등을 빠삭하게 알고 있던 터라 자신 있게 답했다. 나만의 차별화 전략은 생각정리 관련 도서의 단점은 최소화하고, 강점은 극대화하는 전략이었다. 내가 분석했던 책들의 장점만 모아 《생각정리스킬》을 만드는 전략이었다.

"대표님! 모든 일의 시작과 끝은 '생각정리'로 이뤄졌습니다.
우리 눈에는 생각이 보이지 않지만,
많은 사람들이 생각정리가 되지 않아서 고민하고 있습니다.
저도 그랬었고, 제 친구들과 가족도 그랬습니다.
지금까지 제가 만나온 학습자 분들도 생각정리에 대해 필요성을 느꼈고,
또 교육을 받으면서 그들에게 많은 변화가 있었습니다.
말하기도, 글쓰기도, 인생도, 학업도 모두 '생각정리'부터 시작이 됩니다."

당시에는 실용서, 자기계발서 중에서 '생각정리' 관련 도서는 극히 드물었다. '생각정리'에 대한 시장이 거의 없었기 때문에 어떤 출판사도 '생각정리'를 주제로 출간을 제안하면 고민을 했을 것이다.

출판사에서 저자의 제안을 고민하는 데는 그만한 이유가 있기도 하다. 출판사에서 책 한 권을 출간하기 위해서는 간접비를 포함해 2,000만 원 전후의 제작비용이 든다고 한다. 만일 초판의 발행부수를 2,000부로 잡는다면 2쇄 이상 4,000부는 판매되어야 손익분기점을 맞출 수 있게 된다. 그럼 나의 책은 3~4천 명 이상의 독자가 사줄 만한 가치가 있는 책인가? 과연 생각정리 분야의 출판시장이 존재하는가? 내가 생각하기에도 대표님이 〈생각정리스킬〉을 선택해 준다는 것은 어쩌면 모험과 같은 일이었다.

"대표님! 저는 생각정리를 잘할 수 있는 교과서
《생각정리스킬》을 꼭 출간하고 싶습니다.
그리고 한 권에서 멈추는 게 아니라,

생각정리스킬(생각), 생각정리스피치(언어), 생각정리기획력(행동)과 같이 〈생각정리 시리즈〉를 계속해서 집필하고 싶습니다. 저의 비전은 '전 국민 생각 업그레이드'인데 그 시작을 대표님과 함께하고 싶습니다!"

나의 열정과 진정성을 느낀 대표님은 그 자리에서 《생각정리스킬》의 출간을 약속해줬다. 이후 대표님과 약속했던 후속작 《생각정리스피치》가 만들어졌고, 콘텐츠를 만든 이야기 《생각정리기획력》이 세상에 나왔다. 시간이 지나, 대표님은 나를 처음 만났던 그날을 회상하며 이렇게 말했다.

"23년 동안 수많은 책을 만들었지만, 그렇게 완벽했던 〈출간기획서〉 제안은 그날이 처음이었습니다."

물론 세상에 완벽한 기획서와 제안은 없다. 지금 생각해 보면 오히려 부족함이 많았던 기획서다. 그렇다면 대표님이 느낀 완벽함은 무엇이었을까? 대표님은 내게서 《생각정리스킬》을 쓰고자 하는 간절함과 열정 그리고 비전에 대한 확실한 믿음을 봤다고 한다. 지금껏 수많은 기획서를 봤지만 인생그래프를 만들며 제안한 사람은 나밖에 없었다고 한다. 대표님은 당시 내가 간절했고 독자를 생각하는 마음이 가득했기 때문에, 그 마음이 독자에게 전해질 거라는 확신이 들었다고 했다.

시간이 흘러 2018년 거꾸로 내가 출간 제안을 받는 일이 생겼다. 출간 제안을 하신 분은《생각정리스킬》《생각정리스피치》의 독자였다. 책을 읽고 감명을 받아 생각정리클래스에 참석해 초급·중급 과정을 수강했던 분이다. 누구보다도 성실하게 과제를 수행하고, 수업에 참여해 '참 열정적인 분이다'라고 생각했다.

생각정리 과정을 마치고 몇 주 뒤, 나에게 한 통의 이메일이 왔다. 출간제안서였다. 나는 출판사를 운영하는 게 아닌데 왜 나에게 출간 제안서를 보냈지? 의문을 가지고 확인해 봤는데 제목을 보고 깜짝 놀랐다.

《엄마의 생각정리스킬》

수업시간에 출간기획서 작성법을 짧게 가르쳐 드렸는데 그걸 그대로 본인에게 접목시켜 출간기획서를 만든 것이다. 솔직히 거절할 의사로 메일을 읽었다. 왜냐하면 콘텐츠 아이디어는 좋았지만《엄마의 생각정리스킬》은 계획된 사항이 아니었기 때문이다. 당시 〈생각정리 시리즈〉는 혼자 집필해야 한다는 고정관념도 있었다. 죄송하지만 거절의 명분을 찾기 위해 출간기획서 파일을 클릭했다.

[나와 아이를 살린 생각정리스킬]
1, 2, 3, … 24, 25. 25층이다. 어느 정도의 높이인지 감안해 보기 위

해 창문으로 가서 아래를 내려다 보았다. 여느 한가한 오후, 정 할 일이 없어서 집에 굴러다니는 강냉이를 어그적어그적 씹어 먹다가 무심결에 내려다 봤던 그 창의 높이가 아니었다. 여기서 떨어지면 죽을 수 있을까를 생각하고 내려다 보니 더욱 아찔하게 느껴졌다. (중략) 나처럼 마음과 몸이 힘든 엄마들, 이렇다 나를 내세울 꿈이 없어 방황하는 엄마들을 위해 하루빨리 생각정리스킬을 알려주고 싶었다.

내용을 읽으면서 마음이 흔들렸다. 그분의 진정성이 느껴졌기 때문이다.

엄마에게 '생각정리스킬'이 왜 필요하고, 어떻게 대한민국 엄마들에게 생각정리스킬을 전할 것인지 상당히 구체적으로 출간기획서와 샘플 내용을 작성해 보냈다. 또 책 출간 준비 및 이후 활동을 어떻게 할 것인지 구체적인 계획이 준비되어 있었다. 읽고 또 읽었다.《엄마의 생각정리스킬》이라니…. 고민 끝에 답장을 보냈다.

"우리 직접 만나서 대화를 나눌까요?"

사실 수업 때는 많은 학습자들을 만나기 때문에 그분과 깊이 있는 관계를 형성하지 못했다. 어떤 분인지 궁금했고, 생각을 직접 듣고 싶었다. 1시간 동안의 짧은 만남을 가졌다. 대화를 통해 확신을 갖게 되었다. 간절한 눈빛을 통해 마음을 느낄 수 있었다.《엄마의 생각정리스킬》을 출간해야 한다! 집으로 돌아와 출판사 대표님께 메일을 보냈다.

출판사 대표님도 제안서를 보고 감동을 받았다고 했다. 나와 마찬가지로 간절함과 열정을 느낀 것이다. 하지만 선택권을 내게 준다고 했다. 어려운 출판시장에서 모험이 될지도 모르지만 출간을 부탁드렸다. 나는 감수 역할로 책 쓰기 도움을 드리고, 단독 저자로 성장할 수 있게 도와드리기로 했다. 대한민국 엄마들에게 도움이 되는 '생각정리' 교과서가 함께 만들어진다는 생각에 기대심이 부풀었다.

《엄마의 생각정리스킬》, 모험이 될지도 모르지만 과감히 선택할 수 있었던 이유는 그분의 열정에서 과거의 내 모습이 느껴졌기 때문이다. 간절함과 열정으로 출간을 제안했던 내 모습. 누군가를 설득하는 것은 문서가 아니라 눈빛이었고, 그 안에 담긴 간절함과 열정이었다. 어쩌면 사람의 마음을 움직이는 건 기술이 아니라 진정성인 것 같았다.

이 세상에는 수많은 콘텐츠가 존재하지만 사람들의 마음을 설득하는 콘텐츠에는 진정성이 담겨 있다. 그리고 진정성은 마음에서 나온다. 콘텐츠를 보는 사람들에게 도움이 될 수 있다는 마음, 이 콘텐츠가 세상에 필요하다는 확신, 콘텐츠가 세상에 널리 알려질 것이라는 믿음, 그 마음이 있을 때 비로소 설득을 할 수 있다.

05

오직, 독자에게 필요한 책을 쓰자

🖊️ 철저히 독자를 위한 책

출판은 저자와 여러 전문가들이 함께 조화를 이루며 완성하는 작업이다. 저자는 원고를 만들고, 출판사는 원고 편집 및 제작·판매를 담당한다. 이때 저자는 시너지를 낼 수 있는 출판사에 원고를 투고해서 계약하는 경우가 보통이다. 한 권 이상의 저서를 가졌고, 좋은 평가를 받는 '검증된 저자'가 아닌 이상 '예비저자'는 일반적으로 출판사에 원고를 투고하는 과정을 거쳐야 한다.

반면, 나는 준비된 원고 없이 소개를 받았고, 미팅에 성공해 출간이 계약된 상황이었다. 미팅 이후, 출판사 대표님이 나에게 샘플원고를 요청했다. 글을 쓰는 스타일을 보고 싶었던 것이다. 10년 이상 일기를 꾸준히 썼고, 강의 대본 형식으로 많은 양의 콘텐츠를 만들어

왔는데 막상 샘플원고를 쓰려고 하니 막막했다. 주관적인 일기쓰기와 객관적인 책 쓰기는 엄연한 차이가 있었다. 한편, 샘플원고를 잘 쓰고 싶은 욕심이 생겼다. 그런데 쓰다 보니 내 삶의 이야기가 점점 많아져 갔다. 예상했던 컨셉과 다르게 생각정리 방법보다는 마치 자서전 같은 글이 되고 있었다. 다듬어지지 않은 글이라 창피했지만 약속된 기한이 되어 메일로 원고를 보내드렸다. 답변이 왔다.

"복 강사님, 글 잘 봤습니다. 저자의 에피소드가 많이 담겨있는데요.
저는 에디터로서 방향을 이렇게 정하고 싶습니다.
'독자에게 필요한 책!'
저자가 하고 싶은 말보다 독자가 듣고 싶은
《생각정리스킬》을 써보면 어떨까요?"

대표님은 '독자를 위한 책을 써야 한다'고 명확한 방향을 제시했다. 저자의 삶과 인생 이야기가 책에 들어가도 되지만, 독자 입장에서 볼 때 과연 저자의 인생 이야기가 궁금할까? 많은 초보 저자들이 범하는 오류가 첫 책에서 지나치게 자신의 이야기를 많이 한다는 것이다. 책의 저자가 유명인 또는 지인이 아닌 이상 독자들은 그들의 이야기에 큰 관심이 없을 거라고 했다. 독자들은 무엇이 궁금할까? 제목 그대로 생각정리스킬이 궁금하다. 그러니《생각정리스킬》은 콘텐츠 중심의 실용서가 되어야 하고 그런 내용이 책에 담겨야 한다고 했다. 대표님의 의견에 전적으로 동의했다.

그동안의 강의가 수많은 학습자들에게 사랑을 받을 수 있었던 이유는 학습자 중심의 수업을 했기 때문이었다. 강의를 할 때 가급적 내 이야기를 언급하지 않는다. 생각정리를 잘할 수 있는 방법만 전해도 시간이 부족하기 때문이다. 생각정리스킬을 통해 학습자가 생각정리를 잘할 수 있도록 돕는 게 강사로서 나의 역할이었다. 이처럼 《생각정리스킬》 책도 독자 중심으로 만들어져야 한다는 생각이 확실해졌다.

독자에게 필요한 책은 어떻게 쓰는가?

베스트셀러 작가의 직업을 분석해 보면, 상담사 분들이 많다고 한다. 그들의 책이 대중에 공감을 받을 수밖에 없는 이유는 내담자와 대화를 나누는 과정에서 그들의 삶을 이해하게 되고, 이를 통해 독자가 공감할 수 있는 사례가 책에 담기기 때문이다.

나 역시도 〈생각정리스킬〉을 강의하며 수많은 학습자들을 만났고, 필요한 경우 1:1 상담을 했다. 생각정리를 잘하는 방법에 대해 이야기하기 전에 일단 학습자가 처한 상황을 이해하고자 질문을 던졌다. 현재 무슨 일을 하는지, 과거 어떤 삶을 살아왔는지, 어떤 스트레스가 있는지, 고민과 문제는 무엇인지, 생각정리스킬을 통해 기대하는 게 무엇인지…. 독자의 상황과 문제를 정확하게 파악해 그에 맞는 생각정리 솔루션을 제시했을 때 교육 반응이 상당히 높았다. 그리고 그때 정리해 둔 상담 기록이 책을 만드는데 큰 역할을 했다.

윤태호 작가의 《미생》은 평범한 직장인의 삶과 인간관계를 사실적으로 그려낸 만화와 드라마이다. 많은 직장인들이 공감한 콘텐츠인데, 특히 장그래 캐릭터는 신입사원의 디테일을 놀라울 정도로 잘 살려냈다. 신기한 건 윤태호 작가가 직장을 다닌 경험이 없다는 것이다. 그렇다면 어떻게 이런 캐릭터를 만들 수 있었을까? 그것은 다름 아닌 디테일을 건져낸 '취재' 때문이다. 회사에 직접 찾아가 다음과 같이 취재를 했다고 한다.

질문 : 회사 가면 맨 처음에 뭐해요?

답 : 열쇠를 서랍에 꽂고 노트북을 꺼내요.

질문 : 왜 노트북이 서랍에 있죠?

답 : 회사 것이니까요.

질문 : 회사 것은 집에 안 가져가나요?

답 : 집에 가져가면 집에서도 일하잖아요. 내 노트북은 따로 있고요.

질문 : 그럼 노트북은 누가 줘요?

답 : 회사에서요.

질문 : 회사 누가 줘요?

답 : 장비 담당 부서에서요.

질문 : 언제 줘요?

답 : 입사한 첫날요.

질문 : 가져다 주나요, 자기가 가서 받나요?

답 : 케이스 바이 케이스. 나는 가서 받았어요.

질문 : 누구한테 달라고 하죠?

답 : 앞줄에 있는 분에게 말하면 돼요. '저 신입사원인데요.'라고요.

회사를 안 다녀봤던 그이기에 취재는 더욱 디테일하게 이루어졌다. 이런 자세가 콘텐츠 크리에이터에게도 필요하다. 강의를 하는 강사라면 학습자를 철저히 분석해야 한다. 유튜버들은 구독자를 분석한 후 채널을 기획해야 한다. 책을 쓰는 저자라면 집필할 때는 오직 독자만을 생각하며 책을 써야 한다. 다음은 '독자 중심의 책'을 쓰기 위한 과정이다.

1) 책을 쓰기 전과 쓰는 과정에서 학습자와 만나 이야기를 나눴다.
2) 대화와 상담내용을 잘 기록해, 그 내용을 바탕으로 책을 썼다.
3) 독자의 눈높이에 맞춰 이해하기 쉬운 용어와 예시를 사용했다.
4) 독자에게 필요한 문제와 해결책을 이해하고 솔루션을 제시했다.
5) 독자에게 필요한 내용이 아니면 과감히 삭제 또는 수정했다.
6) 독자들이 보기 좋게 책의 논리 구성 및 디자인에 신경을 썼다.
7) 《생각정리스킬》은 책 앞장에 만다라트를 활용해 260페이지 분량의 내용을 1페이지로 정리했다.
8) 《생각정리스피치》는 책 표지 안쪽에 '그래픽 레코딩'을 활용해 280페이지 분량의 내용을 2장의 그림으로 정리했다.
9) 《생각정리스피치》는 각 장이 끝날 때마다 1페이지로 요약을 했다.
10) 독자들이 직접 실습할 수 있도록 부록에 실습지를 첨부했다.

결과적으로, 첫 책 《생각정리스킬》과 후속작 《생각정리스피치》는 우리가 원하는 방향으로 출간되었다. 책을 읽은 독자 분들은 알겠지만 두 권 모두 내용이 쉽게 구성되어 있다. 입문자를 위한 책으로 쓰

한 장 으 로 마 스 터 하 는 생 각 정 리 스 킬								
복잡한 인생	어쩌면 당신의 이야기	모두에게 필요한 생각정리	생각정리 잘하는 법	생각의 시각화	두뇌 활동	생각정리 로드맵	생각정리 활용법	당신에게 필요한 생각도구
생각정리 강연회	1장 필요성	생각 업그레이드	전두엽	2장 원리	생각 정리 도구	만다라트	3장 생각정리	목표달성 기술
생각정리 스킬이 있는사람	생각정리 기술	집행력 향상비법	우뇌발산 좌뇌정리	나열 분류 배열	질문 확장 정리	결정장애 증후군	마인드맵	3의 로직트리
기획이란 생각정리	기획과 계획	니즈와 원츠	1장 필요성	2장 원리	3장 생각정리	독서 전 독서	기억에 남지 않는 이유	제목 속에 답이 있다
문제해결	4장 기획	브레인 스토밍	4장 기획	생각 정리 스킬	5장 독서	독서 중 독서	5장 독서	목차의 구성을 기억하라
브레인 라이팅	퀘스천맵	한 페이지 기획서	6장 스피치	7장 인생	추천 Tool	독서 후 독서	여백에 생각을 정리하라	독서리스트 작성
스피치가 두려운 당신	메라비언 법칙은 오해다	스피치 생각정리 프로세스	다이어리	일기쓰기 실패 이유	과거 추억 일기	만다라트	마인드맵	로직트리
대상과 목적 분석	6장 스피치	주제 선정	미래 설계 일기	7장 인생	인생 실천 목표	브레인 스토밍	추천 Tool	퀘스천맵
질문 나열	목차 설계	내용 작성	생각의 빅데이터	인생 그래프	버킷 리스트	알마인드	에버노트	나만의 도구를 찾아라

여겼기 때문이다. 그러면서도 전문가들이 봐도 손색이 없을 만큼 검증된 내용만을 담았다. 만일 전문가들의 눈높이에 맞춰 썼다면 지금처럼 많은 독자 분들께 사랑받는 책이 될 수 없었을 것이다. 독자를 이해하고, 그들의 입장에서 책을 만들고자 노력한 덕분에 많은 사랑을 받을 수 있었다고 생각한다.

생각정리기획력

06

미리 알아두면 도움 되는
출간 프로세스

✏️ 책 쓰기 프로세스

많은 사람들이 책 쓰기에 도전하지만 중간에 포기하는 경우가 많다. 가장 큰 이유는 책이 만들어지는 과정, 즉 출간 프로세스를 모르기 때문이다. 사람들은 자신이 잘 알고 있는 일은 자신 있게 할 수 있지만 과정을 알지 못해 미래를 예측하지 못하는 상황이라면 누구나 두려워한다. 나도 마찬가지로 첫 책을 출간하기 전까지만 해도 출간에 대한 두려움이 있었다. 책이 만들어지는 프로세스를 몰랐기 때문이다.

3번의 책 쓰기를 경험하면서 출간 프로세스를 완전히 이해하게 되었다. 첫 번째 책 출간 이후 두 번째, 세 번째 집필작업은 점점 수월해졌다. 수많은 종류의 책이 쏟아져 나오지만 책이 만들어지는 과정은 거의 비슷한 흐름이다. 만일 책을 쓰고 싶다면 출간 프로세스부터 이해해야 한다. 출간 프로세스를 알고 책을 쓰는 것은 지도를 보며 길을 가는 것과 같다. 책은 어떠한 과정으로 만들어질까?

책 쓰기는 일반 글쓰기와 다르게 장기간에 걸쳐 이루어지는 작업이다. 책을 쓰는 기간은 저자마다 차이가 있는데, 3개월에서 1년 정도 걸린다. 책을 쓰고 싶지만 방법을 몰라서 고민했던 크리에이터 분들을 위해 지금부터 책 쓰기 프로세스를 공유한다.

책 쓰기 프로세스		
과정	단계	비고
준비 과정	1. 주제선정	
	2. 시장조사	
	3. 출간기획서 작성	
	4. 원고투고 및 출간계약	
집필 과정	5. 머리말 작성	
	6. 목차 구성	
	7. 원고 작성	
	8. 표지 디자인	
	9. 저자 소개	
홍보 과정	10. 출간 및 출간 이후	

출간 프로세스

주제 선정	시장 조사	출간기획서	투고 및 출간계약	머리말 작성	목차 구성	원고 작성	표지 디자인	저자 소개	출간 및 출간 이후
01	02	03	04	05	06	07	08	09	10

생각정리기획력

1) 주제선정 : 누구를 위해, 무엇을, 왜 쓰는가?

책을 쓰기 위해 가장 먼저 해야 할 일은 무엇을 쓸 것인지 선택하는 것이다. "누구나 마음속에 한 권의 책이 있다"는 말처럼 당신만이 쓸 수 있는 책이 무엇인지 탐색해야 한다. 책을 쓰려고 하는 이유가 무엇인가? 누구를 위해 책을 쓰려고 하는가? 독자에게 어떤 내용을 알려주고 싶은가? 이러한 질문에 대해 충분히 생각해 보자.

- 집필목적 : 당신은 왜 책을 쓰려고 하는가?
- 예상독자 : 누구를 위해 책을 쓰려고 하는가?
- 집필주제 : 그들에게 어떤 주제로 이야기하고 싶은가?
- 기대효과 : 정말 그들에게 이 주제가 필요한가?

2) 시장조사 : 같은 분야의 책은 무엇이 있는가?

쓰고 싶은 주제와 예상독자를 생각했다면 시장조사를 해보자. 나의 경우 서점에 직접 가서 검색대에서 주제를 검색한다. 검색한 주제의 책이 얼마나 나오는가? 《생각정리스피치》의 경우는 스피치 관련 서적이 약 2,100권 검색되었는데, 그중 오프라인 서점에는 관련 서적이 300권 정도 있었다.

이때 기준을 정해 분류한 뒤 분석을 했다. 기본적으로 쓰려고 하는 책이 어떤 분야에 해당하는지 알아야 한다. 온라인 서점에 가면 자기계발/실용서/화술/인간관계와 같은 분류체계가 있으니 확인을 해보자. 《생각정리스피치》는 화술/협상/회의진행 등의 항목에 포함된다.

'책을 곧바로 쓰면 되는 거지, 시장조사 및 분석을 굳이 해야 하나?'라고 생각할 수도 있다. 하지만 시장조사와 분석이 꼭 필요한 이유는 차별화된 콘텐츠를 만들기 위해서다.

나는 주제가 선정되면 다음과 같은 흐름으로 자료를 찾는다.

첫째, 쓰고 싶은 주제에 대해 개괄적으로 알 수 있는 책을 한두 권 찾는다. 예를 들어 《생각정리스피치》는 스피치에 관한 대학 전공서적을 찾았다. 거시적 관점에서 정리된 책을 살펴보면 쓰고자 하는 주제를 객관화하는 데 도움이 된다.

둘째, 주장과 유사한 책과 상반되는 책을 찾아 분석한다. 예를 들면 《생각정리스피치》와 유사한 책은 '스피치는 생각정리가 중요하다!'의 입장이고, 다른 입장은 '스피치는 표현력(발음, 발성, 목소리, 제스처 등)이 중요하다!'라는 책이다. 책의 역할은 단순한 정보나열이 아니다. 책에는 저마다의 주장과 설득이 담겨 있다. 저자는 결국 자신의 목소리를 내고 싶어 책을 쓰는 것이다. 자신이 말하고자 하는 주장에 대해 반대되는 의견을 알고 있을 때 더 균형있고 논리적인 책을 만들 수 있다.

셋째, 집필하고자 하는 주제에 대해 가장 잘 팔린 책과 팔리지 않은 책의 성공·실패요인을 분석해 본다. 잘 팔리면 잘 팔리는 이유가 분명히 있다. 표지 디자인, 제목, 부제, 목차, 내용 등을 꼼꼼히 살펴보며 당신의 책은 어떻게 만들면 좋을지 전략을 세워야 한다.

- 내가 쓰려고 하는 책의 분야는 무엇인가?
- 주제에 대해 개괄적으로 알 수 있는 책은 무엇인가?
- 나의 주장과 유사한 책은 무엇인가?

- 나의 주장과 상반되는 책은 무엇인가?

- 가장 잘 팔린 책은 무엇이고 성공요인은?

- 가장 안 팔린 책은 무엇이고 실패요인은?

3) 출간기획서 작성 : 한 페이지로 정리하면 어떤 내용인가?

주제선정 및 시장조사가 충분히 되었다면 이제 종이를 펼치고 〈출간기획서〉를 작성해 보자. 당신이 작성할 출간기획서는 최소 3,000만 원 이상의 가치가 있어야 한다. 만일 당신이 책을 출간한 경험이 없는 예비저자라면 출판사에서는 당신이 투고한 출간기획서를 보면서 당신을 평가할 것이다.

〈출간기획서〉는 단순한 콘텐츠 아이디어의 나열이 아니다. 출판사를 설득할 목적으로 쓴 강력한 논리가 담긴 한 장의 기획서다. 자비를 들여 출판하는 책이 아니라면, 출판사와 독자를 설득할 수 있는 논리적인 기획서를 만들어야 한다. 출판사는 최소 4,000부 이상은 판매되어야 손익분기점을 맞출 수 있다. 당신이 쓸 책은 4천 명 이상의 독자가 사줄 만한 가치가 있는가? 다음 질문에 대해 답해 보자.

- 한 페이지로 기획서를 작성했는가? (예시는 87쪽에 있음)

- 한마디로 말하자면 당신은 어떤 책을 쓰고 싶은가?

- 다른 책과 차별화된 포인트는 무엇인가?

- 출판사가 당신을 선택해야 하는 이유는 무엇인가?

- 4,000명 이상의 독자에게 책을 팔 수 있는 전략은 무엇인가?

4) 원고투고 및 출간계약

출간기획서 및 샘플원고를 작성한 뒤 출판사를 찾아 메일을 보낸다 (이 과정은 원고가 완성된 다음에 진행되기도 한다). 한 권 이상의 저서를 가졌고 좋은 평가를 받은 검증된 저자가 아닌 이상 예비저자들은 출판사에 원고를 투고하고 답변을 기다리는 게 일반적이다.

당신은 어떤 출판사와 함께 작업을 하고 싶은가? 서점에 가서 관심이 가는 출판사 목록을 살펴보자. 보통 출판사는 규모에 따라 대형 출판사, 중형 출판사, 1인 출판사로 구분하는데, 규모와 상관없이 당신과 시너지를 낼 수 있는 좋은 출판사와 에디터를 만난다면 좋은 결과물을 만들 수 있을 것이다. 저자가 직접 자비를 들여서 하는 자비출판도 있지만 이는 결과물이 상대적으로 좋지 않기 때문에 소장용이 아닌 이상 추천하지 않는다. 그리고 최근에는 종이책이 아닌 전자책 형태로 출판하는 경우도 많다.

참고로 계약시 저자의 인세는 보통 7~10% 정도이다. 인세가 적어서 실망할 수도 있지만, 책을 출간하고 얻게 될 부수입(강의, 강연, 이러닝 등)이 훨씬 많으니 걱정하지 않아도 된다. 출간계약서는 출판사마다 약간의 차이가 있으니 꼼꼼히 살펴보고 계약하길 바란다.

- 당신은 어떤 출판사와 작업을 하고 싶은가?
- 해당 출판사와 함께 작업하고 싶은 이유는 무엇인가?
- 종이책 형태로 출판할 것인가? 전자책으로 출판할 것인가?
- 어떤 조건으로 계약이 진행되는가?

5) 머리말 작성

출판사와 계약을 마치면 본격적인 책 쓰기가 시작된다. 이때 집필기간에 맞춰 원고를 마무리할 수 있도록 신경써야 한다. 보통 머리말 → 목차 → 내용의 순서로 책을 집필하는데 저자의 스타일에 따라 순서는 바뀔 수 있다. 처음부터 내용을 완벽하게 작성하려고 하면 부담이 되고 책 쓰기가 더 어려워진다. 쓰고 싶은 내용을 대략 적고, 수정하면서 완성하도록 하자.

머리말은 책의 내용을 짧게 요약해 주는 기획서이자 건축설계도와 같다. 건축설계도를 통해 건축물의 모양을 미리 예측할 수 있는 것처럼 독자는 머리말을 보며 책의 전체적인 그림을 머릿속에 그리게 된다. 저자는 머리말을 작성하는 과정에서 책에 대한 큰 그림을 그려볼 수 있다. 보통 책의 머리말에는 다음과 같은 정보가 담겨 있다. 다음 내용에 대해 질의응답을 한 뒤 문장으로 만들면 기본적인 머리말이 완성된다. 《생각정리기획력》 책이나 당신이 가지고 있는 다른 책의 머리말을 살펴보며, 머리말을 직접 만들어 보자.

- 예상독자 : 누구를 위해 책을 썼는가?
- 책을 쓴 배경 : 왜 이 책을 쓰게 되었나?
- 책의 주제 : 이 책을 한마디로 말하면?
- 저자의 주장 : 저자가 하고 싶은 말은?
- 기타내용 : 책의 구성, 책을 읽는 방법, 감사의 글 등

이 책은 (예상독자)를 위해 썼다. 이 책을 쓰게 된 이유는 (배경)이다.

책의 주제를 한마디로 말하면 (주제)이다. 이 책을 읽으면 (주장)될 것이라 믿는다. 이 책은 몇 장으로 (구성)되었다. 이 책은 이런 (방법)으로 읽으면 좋다. 책이 만들어지기까지 도와주신 모든 분들께 (감사)의 말씀을 드린다.

6) 목차 구성

목차는 책의 뼈대 역할을 한다. 책을 만들 때 내용부터 작성하는 게 아니라 목차를 먼저 세우고 내용을 작성해야 한다. 책 쓰기는 일반적인 글쓰기와 다르게 큰 그림을 그리는 작업이 필요하다. 200페이지가 넘는 내용을 책으로 만들어야 하기 때문이다.

어떠한 흐름과 논리 구성으로 책을 만들 것인지는 완성되기 직전까지 끊임없이 고민해야 한다. 그렇기에 목차는 한 번 만들고 끝나는 작업이 아니다. 독자의 입장을 생각하며 독자가 보기 좋은 순서로 끊임없이 수정된다. 그렇다면 목차는 어떻게 만들어질까? 《생각정리스킬》에 언급했었던 '목차가 만들어지는 원리'를 살펴보자.

책의 목차는 어떻게 만들어지는가? 목차는 질문에서 시작된다. 질문은 항목이 되고 항목이 모여 목차가 된다. 항목이 만들어지면 독자들의 호기심을 자극할 수 있는 언어로 각색을 한다. 이러한 순서로 목차가 구성된다. 목차가 만들어지는 순서에 대한 이해를 돕기 위해서 《생각정리스킬》의 사례로 설명하겠다.

질문 → 항목(각색) → 목차

《생각정리스킬》 책의 목차도 질문으로 시작되었다. 나에게 궁금한 질문과 독자들이 알았으면 하는 질문을 머릿속에 떠오르는 대로 나열했다. 다음은 이 책의 콘텐츠를 제작하기 위해 던졌던 질문이다.

- 생각정리가 필요한 이유는 무엇일까?
- 왜 생각정리를 하지 못할까?
- 생각을 정리하는 방법은 무엇일까?
- ……

이러한 방식으로 질문을 1,000가지 이상 나열했다. 그중 책에 필요한 핵심질문을 모아 100가지를 간추려 정리했다. 그다음 질문을 항목으로 만든 뒤 독자의 호기심을 자극할 수 있는 내용으로 각색을 했다.

- 생각정리가 필요한 이유는 무엇일까?
  → 우리가 몰랐던 생각정리의 재발견
- 왜 생각정리를 하지 못할까?
  → 근본적으로 생각정리를 못하는 이유
- 생각을 정리하는 방법은 무엇일까?
  → 복잡한 생각을 스마트하게 정리하는 방법
- 아이디어를 기획할 수 있는 방법은?
  → 단순한 생각을 아이디어로 기획하는 방법
- 독서를 정리하는 방법이 있을까?
  → 오랫동안 기억에 남는 독서정리스킬
- 스피치를 잘할 수 있는 방법은?
  → 생각정리를 잘하면 스피치는 덤이다!

• 인생에서 필요한 생각정리는 무엇이 있나?

→ 인생을 바꾸는 생각정리의 힘

콘텐츠가 완성될 때까지 계속해서 수정하며 각색을 진행했다. 이렇게 각색 작업이 끝나면 장과 절을 분류하여 최종적으로 다음과 같은 목차를 구성했다.

• 1장 우리가 몰랐던 생각정리의 재발견

1)_____

  (1)_____

  (2)_____

  (3)_____

2)_____

3)_____

• 2장 근본적으로 생각정리를 못하는 이유

• 3장 복잡한 생각을 스마트하게 정리하는 방법

• 4장 단순한 생각을 아이디어로 기획하는 방법

• 5장 오랫동안 기억에 남는 독서정리스킬

• 6장 생각정리를 잘하면 스피치는 덤이다!

• 7장 인생을 바꾸는 생각정리의 힘

책의 목차는 이러한 방법으로 만들어진다. 질문이 항목이 되고 항목을 각색하고 그다음 분류해서 목차로 구성하는 것이다. 그리고 같은 방식으로 장마다 절을 세부적으로 구성한다. 여기까지 질문이 목차가 되는 과정을 살펴보았다.

복주환,《생각정리스킬》중에서

7) 원고 작성

책은 한 번에 완성되지 않고 에디터와 함께 수정에 수정을 거듭하며 완성된다. 초고의 분량이 A4 100페이지라면 그 분량을 끝까지 채우는 게 목표다. 이때는 저자 혼자서 어떻게 해서든 내용을 채워야 한다. 글을 쓰는 스타일은 가지각색이다. 기간을 정해 놓고 하루에 몇 페이지씩 꾸준히 집필하는 저자도 있고, 벼락치기 식으로 집중해 몰아서 글을 쓰는 저자도 있다. 과정이 어쨌든 초고의 목적은 일단 A4 100페이지를 완성하는 것이다.

글쓰기는 엉덩이 싸움이다. 얼마나 오래 버티느냐가 관건이다. 대부분 원고 작성에서 책 쓰기를 포기하는 분들이 많은데, 창작의 고통이 있어야 비로소 책이 완성된다. 그 험난한 과정은 절대로 건너뛸 수 없는 과정이다.

1차 초고가 완성되면 에디터에게 원고를 보낸다. 에디터가 초고를 살펴보는 기간 동안은 휴식을 취하며 필요한 자료들을 준비한다. 이후 에디터는 원고에 검토의견을 첨부하여 한글 문서파일로 책과 비슷한 형태로 재구성해 준다. 이제 2차 작업이라고 볼 수 있는 탈고작업이 시작된다. 1장부터 시작을 해서 다시 내용의 퀄리티를 높인다. 이때 독자의 입장에서 불필요한 내용은 삭제되기도 하고 내용 추가 및 수정 작업이 이뤄진다. 에디터는 맞춤법을 교정해 주고 어색한 문장을 체크한다. 여러 차례에 걸쳐 원고가 완성되면 조판 작업이 이루어진다. 점점 책과 같은 형태로 원고의 모습이 진화된다.

글은 어떻게 써야 하는가? 글을 쓸 때 정석은 없지만 나의 경우는 글 쓰는 스타일이 분명하다.

나의 머리로 생각하고 나만의 관점에서 글을 쓸 것! 의외로 글을 쓸 때 자신의 머리로 생각하지 않고 타인의 생각을 빌려오는 사람들이 많다. 다시 말해 자신의 생각을 자신 있게 주장하는 것을 어려워한다. 책은 주장이다. 주장이 없으면 매력이 없다. 책을 쓸 때는 근거자료부터 수집하는 게 아니라 일단 나의 주장과 이유를 먼저 생각해봐야 한다. 그다음 검증하거나 주장을 뒷받침하는 차원에서 근거자료를 수집해야 한다.

나는 글을 쓸 때 두 가지 방식으로 글을 쓴다. 첫 번째는 디지털 마인드맵을 활용해서 '논리구조 형식'으로 생각을 쪼개서 맵핑을 한다. 책 목차처럼 구조적으로 생각을 나열한 뒤 그걸 바탕으로 글을 써내려간다. 이 방법은《생각정리스피치》에서 자세히 소개했으니 읽어보길 바란다. 두 번째는 할 말이 있으면 키워드를 적고 키보드에 몸을 맡긴다. 오랫동안 공부해 왔던 주제라면 막힘없이 글을 써내려갈 때가 있다. 이때는 마치 신 내림을 받은 듯 일필휘지로 글이 써진다. 소위 말해 그분이 오신 것이다. 아쉽게도 그분은 자주 오지 않는다.

- 글을 쓸 때는 나의 주장과 이유를 먼저 생각하자!
- 디지털 마인드맵으로 '논리구조' 형식의 흐름을 만든다.
- 내가 쓰고 싶은 책과 유사한 종류의 책을 찾아보고 분석해 보자!
- 글쓰기는 많이 써봐야 실력이 는다. 이건 진리다.

- 글쓰기 관련 책 3권을 정독해 읽어보자. 글쓰기도 기술이다.
- 《생각정리스킬》을 읽어보자. 글쓰기도 생각정리가 먼저다.

8) 표지 디자인

이 책 《생각정리기획력》 2~3장에서 언급했듯 표지 디자인은 상당히 중요하다. 서점에는 수만 권의 책이 있다. 독자가 이미 제목을 알고 책을 사러 간 경우가 아니라면 대부분은 표지와 제목을 보고 책을 선택하게 된다. 그렇다면 표지는 어떻게 만드는 것일까? 기본 구성을 이해해 보자. 표지 앞면에는 제목, 부제, 저자 이름, 홍보문구, 출판사 로고 등이 있다. 표지 뒷면에는 줄거리, 머리말, 추천사, 가격 등이 들어간다.

앞표지	뒷표지
제목	줄거리
부제	머리말
저자 이름	추천사
홍보문구	홍보문구
출판사 로고	가격

★《생각정리기획력》 책의 앞표지와 뒤표지의 구성과 내용이 어떻게 이뤄졌는지 참고해 보자.

기본 구성을 이해했다면 표지에 어떤 홍보문구가 들어가면 좋고, 어떻게 배치를 할지 충분히 생각해야 한다. 보통 출판사에서는 에디터와 디자이너가 협업을 해서 표지를 만든다. 책 디자인은 디자이너가 하는 작업이고 저자는 글만 쓰는 사람이라고 생각할 수 있는데, 저자는 원고만 작성하는 것이 아니라 그 책을 어떻게 디자인할지도 함께 고민해야 한다. 콘텐츠에 대해 가장 잘 알고 있는 사람은 저자이기 때문이다.

꼭 디자인을 하지는 않더라도 우선 표지에 들어가는 항목을 가지고 기본 레이아웃을 만들어 보자. 서점에 가서 마음에 드는 표지를 골라 샘플 디자인을 디자이너에게 제시하는 것도 좋은 방법이다. 이때 마음에 드는 표지를 30개 이상 찾아보는 것이 좋다. 베스트셀러 표지를 관찰하는 것만으로도 얻을 수 있는 것이 상당하다. 서점에 가서 표지 분석을 하며 다음의 질문을 던져보자.

- 요즘 잘 나가는 표지 디자인은 무엇이 있는가?
- 서점가에서 표지 디자인의 트렌드는?
- 당신의 책 표지는 어떻게 디자인되기를 원하는가?
- 책 표지를 30개 이상 찾아보고 선정이유를 생각해 보자.
- 빈 종이에 표지를 그려보고, 제목·부제·카피 등 내용을 작성해 보자.

9) 저자 소개

저자 소개의 역할은 독자로 하여금 책에 대해 공신력을 갖게 만드는 것이다. 예를 들어 주제가 '건강'이라도 의사가 말하는 '건강'이냐, 트레이너가 말하는 '건강'이냐, 주부가 말하는 '건강'이냐는 완전히 다른 느낌이다. 또 누가 말하느냐에 따라 책의 콘셉트가 달라지기도 한다. 만일 의사가 말하는 '건강'이라면 의학적인 전문내용이, 헬스트레이너가 말하는 '건강'이라면 건강해질 수 있는 운동법과 같은 내용이 예측된다. 이처럼 저자 소개는 독자에게 책의 내용을 예측하게 해주는 역할도 한다.

저자 소개를 거창하게 할 필요는 없지만 책을 통해 비즈니스로 연결하고 싶다면 다음의 내용은 포함하는 게 좋다. 저자 소개 지면은 길지 않기 때문에 책과 관련된 이력만 언급하도록 하자. 프로필 사진은 넣는 경우도 있고, 넣지 않는 경우도 있다. 당신이 만일 얼굴을 알려야 하는 직업이라면 프로필 사진은 신경 써서 촬영을 하는 것이 좋고, 이왕 찍을 거라면 고급 스튜디오에서 촬영하는 것을 권장한다. 가격이 높은 만큼 퀄리티 높은 사진이 나온다. 책과 어울리는 프로필 사진 배경, 포즈, 분위기 등을 연출한다면 더할 나위 없이 좋다.

- 현재 무슨 일을 하고 있는 사람인가?
- 과거에는 어떤 일을 해왔는가?
- 당신은 책과 어떤 상관관계가 있는가?
- 이 책을 왜 썼는가?
- 독자가 당신을 신뢰할 수 있는 대표적인 이력은 무엇인가?
- 당신은 어떤 비전이 있는가?
- 저서가 있다면 무엇인가?
- 당신에게 연락할 수 있는 연락처는?(홈페이지, 이메일, 전화번호)

10) 출간 이후

첫 책《생각정리스킬》을 처음 받아 본 날의 감격은 잊을 수가 없다. 몇 개월 동안 힘들었던 출간 과정을 한순간에 보상받는 기분이었다. 자주 가던 서점에 책이 진열되어 있는 걸 보고 또 한 번 감동을 받았다. 첫 책을 출간한 거의 모든 저자들은 한 가지 공통되는 습관이 생긴다. 인터넷에 올라온 책의 후기와 평점을 관찰하고, 서점에서 순위를 체크한다. 하지만 책이 세상에 나왔다고 해서 여기서 끝나는 게 아니다. 책은 저자가 글을 마치는 순간 완성되는 게 아니라 독자에게 책이 전해지고 그들이 책을 읽어주는 순간 완성되는 것이다. 책은 많이 팔려야 한다. 그래서 책이 출간되면 그때부터 우리가 집중해야 하는 것이 바로 '마케팅'이다.

보통 마케팅에 대해 저자들은 두 가지의 생각을 가지고 있다. '책 홍보는 당연히 출판사가 하는 거야'라는 생각과 '출판사를 도와서 함께 책을 알려야지'라는 생각이다. 그리고 많은 저자들이 책 홍보는 당연히 출판사에서 해주는 거라고 생각한다. 하지만 지금처럼 출판 시장이 어려운 상황에서 책을 알리기 위해서는 저자가 두 팔을 걷어붙이고 직접 나서야 한다. 출판사 역시 저자가 관심을 가지지 않으면 마케팅을 오래 지속하지 않는다.

07

발로 뛰는 마케팅,
발케팅!

✎ **책을 만드는 사람은 모두 '발케터'가 되어야 한다!**

나는 2017년 《생각정리스킬》이 출간된 이후 지금까지도 책을 홍보할 수 있는 방법을 연구하고 있고, 또 실행하고 있다. 목표가 베스트셀러가 아니라 스테디셀러였기 때문에 장기전으로 마음을 먹었다.

물론 책을 알리는 방법은 많다. 단순히 돈을 들여 대대적인 마케팅을 할 수도 있다. 신문에 광고를 내고, 서점 광고판에 책을 소개하고, 광고 판매대를 빌려 책을 홍보할 수도 있다. 하지만 진정한 홍보는 입소문이다. 특히 대형출판사가 아닌 경우 마케팅 비용을 많이 들여 홍보를 하는 방식에는 한계가 있다. 그리고 예산이 있더라도 아무런 철학 없이 홍보를 하는 방식은 우리에게 맞지 않았다.

나의 책 3권은 모두 천그루숲에서 출간되었는데, 천그루숲의 대표님은 25년 이상 출판계에 몸 담은 에디터이다. 중견출판사의 대표로 있다 나와 함께《생각정리스킬》을 작업할 때쯤 1인 출판을 시작했다. 대표님과 3권의 책을 함께 작업하며 출판의 많은 과정을 배울 수 있었는데, 존경의 의미로 별명을 하나 지어 드렸다.

발케터 ('발'로 뛰어다니며 '마케팅/홍보를 하는 사람')

천그루숲은 저자들을 위해 직접 '발'로 뛰어다니며 마'케팅'과 홍보를 한다. 그래서 별명이 '발케터 대표님'이다. 저자들의 강연회가 있을 때면 새벽, 오후, 저녁 할 것 없이 행사에 항상 함께하며 늘 뒤에서 응원을 해준다. 단지 책을 홍보하기 위해서가 아니라, 저자와 혼연일체가 되어 함께 활동을 하며 힘을 실어준다.

출판사 대표님의 얘기를 먼저 꺼내는 이유는 콘텐츠를 만드는 사람이라면 누구나 본인의 콘텐츠를 위해 발로 뛸 자세를 가져야 하기 때문이다. 나 역시 대표님께 배운 '발케팅'의 자세로 '마케팅'을 하며 책을 홍보했다. 책이 나왔을 때 우리는 책을 홍보할 수 있는 행사라면 작은 규모의 강연회와 사인회라도 어디든 달려갔다.

《생각정리스킬》 출간 이후에는 생각정리클래스와 출판사 주최로 저자 강연회를 일주일에 2~3번씩 한 달에 무려 10번 이상을 진행했다. 평일에 오지 못하는 독자를 위해 주말 과정을 열었고, 오후에 오지 못하는 분을 위해 저녁 과정도 열었다. 사실 이렇게 저자 강연회를 자주 연다는 것은 체력적으로나 시간적으로 결코 쉬운 일이 아니다. 저자 강연회는 대부분 무료로 진행되다 보니 돈을 벌려는 목적으로 진행되는 것도 아니다. 하지만 책을 알리기 위해 내가 가장 잘할 수 있는 방법이 바로 '강의'라고 생각했기 때문에, 나는 강의로 '발케팅'을 했던 것이다. 그리고 출판사에서는 나의 강점을 살려 강의할수 있는 관련 행사를 알아봐 주었고, 항상 함께해 주었다.

또 한 번은 서점에서 이런 일이 있었다. 책이 잘 진열되어 있나 확인하기 위해 진열대 앞에 갔는데, 어떤 분이 함께 있던 친구에게 이렇게 말했다.

> "생각정리스킬, 이 책 한 번 읽어봐.
> 읽어보니 정말 괜찮더라."

경이로운 순간이었다. 이미 책을 읽은 독자와 책을 읽을지도 모르는 예비독자를 마주하는 순간! 당신이라면 어떻게 하겠는가? 나는그냥 보고만 있을 수 없었다. 부끄럽지만 그분들에게 직접 찾아가 인사를 드리고, 감사한 마음으로 친구 분께는 내가 직접 책을 사서 선물로 드렸다. 어떠한 방식으로든 독자에게 직접 찾아가는 '발케팅'을한 것이다.

✒ 베스트셀러를 만든 '발케팅'의 비밀

지금도 일주일에 4~6회 정도 기업에서 강의를 하고 있다. 이 정도면매일 강의를 하는 셈이다. 저자 강연회는 아니지만 기업, 공공기관,

대학 등에서 하루에 최소 30명에서 최대 300명 이상의 학습자를 만나며, 《생각정리스킬》《생각정리스피치》《생각정리기획력》을 전국적으로 알리고 있다. 감사하게도 저자 특강으로 초청을 받으면 주최 측에서 책을 대량으로 구매해 주는 경우도 있다.

보통 강의를 갈 때는 5권 정도의 책을 선물로 준비해 간다. 교육담당자 분들과 학습자 분들께 드리기 위해서다. 미리 책에 감사 메시지를 적고 사인도 해놓는다. 책 선물은 학습자에게 소중한 추억이 되고, 나에게는 책을 한 사람에게라도 더 알릴 수 있는 좋은 기회가 된다. 책 선물을 받은 교육담당자는 책을 읽어 보고 내용이 좋으면 다음 과정을 추가로 요청한다. 책을 선물로 드리고, 책이 다시 강의를 부르는 선순환이 생기는 것이다.

책 선물 → 강의 → 책 선물 → 강의 → 책 선물 → 강의

책을 쓴 저자라면 SNS를 활용해 발케팅을 할만하다. 나는 가끔씩 페이스북에서 이벤트를 열곤 한다. 생각정리가 필요한 분들을 위한 이벤트인데, 퀴즈에 대해 답을 맞춘 당첨자 분들에게는 직접 쓴 메시지와 사인이 담긴 책을 선물로 보내드린다. 책을 선물 받은 분들은 요청하지 않아도, 본인의 SNS에 선물 받은 책을 예쁘게 찍은 사진과 멋진 글로 올려준다. 10분에게 선물을 드렸지만, 그분들이 SNS에 사진을 찍어 올려주면 최소 1,000명 이상의 사람들이 책을 보는 것이다.

이렇게 콘텐츠는 책으로, 강의로, 이러닝으로 확장할 수 있다. 이때

직접 발로 뛰며 노력하고 정성을 담아 책을 알리는 것, 이것이 바로 콘텐츠를 베스트셀러로 만드는 '발케팅'의 비밀이다.

부록

콘텐츠 기획에
도움이 되는
생각정리스킬

	퀘스천맵 (Question Map) 질문으로 생각을 확장하고 정리하는 방법	
개념 이해	퀘스천맵은 '질문의 지도'라는 뜻으로, 육하원칙에 입각해 생각을 확장하고 정리하는 방법이다. 퀘스천맵이 개발된 이유는 다양한 생각도구를 활용해도 생각정리가 안 되는 문제점을 해결하기 위해서다. 또 본질적으로 생각을 자유롭게 하지 못하는 문제점을 해결하기 위해서이기도 하다.	
질문의 중요성	첫째, 질문은 멈춰 있던 두뇌를 활성화시킨다. 질문하고 생각을 정리하는 과정에서 전두엽이 활성화되고 아이디어를 발상할 수 있는 창의적인 상태가 유지된다. 둘째, 질문은 창의성과 상상력의 원천이다. 질문으로 세상이 진보했다. 에디슨의 전구도, 아인슈타인의 상대성 이론도, 잡스의 아이폰도 위대한 질문으로 시작된 위대한 결과이다. 셋째, 질문을 하면 원하는 답을 얻는다. 이를 《질문의 7가지 힘》의 저자 도로시 리즈는 '응답반사'라고 했다. 적절한 질문은 당신이 원하는 정보를 얻을 수 있게 해준다. 넷째, 질문은 다양한 각도에서 생각을 하게 해준다. 질문을 바꿔보는 것만으로도 익숙한 사고방식을 벗어나 새로운 관점에서 바라보고 생각할 수 있게 해준다. 다섯째, 질문은 생각을 확장시켜 주고 정리해 준다. 엄청난 양의 정보와 생각을 정리할 수 있는 방법은 질문이다. 질문을 통해 생각을 명료화하고 반대로 구체화할 수 있게 된다.	
작성 방법	1단계 : 질문의 원리와 패턴 발견 (주어+육하원칙+동사) 2단계 : 100가지 이상 질문 (주어+주어+동사+육하원칙) 3단계 : 창의적으로 질문하는 방법 4단계 : 질문으로 아이디어 구체화하기 5단계 : 마인드맵, 로직트리, 만다라트 등에 퀘스천맵 적용	
핵심 내용	퀘스천맵을 통해 질문의 지도를 그려보자. "육하원칙 질문을 던지며 생각을 확장하고 정리하라" * 자세한 내용은 《생각정리스킬》 127쪽을 참고하길 바란다.	

질문으로 생각을 확장하고 정리하기 (퀘스천맵 실습)

	마인드맵 (Mind Map) 복잡한 생각을 스마트하게 정리하는 방법	
개념 이해	마인드맵은 '생각의 지도(Mind Map)'라는 뜻으로, 1970년 영국의 토니 부잔이 개발한 사고기법이다. 두뇌의 기능을 최대한 발휘하도록 해주는 '사고력 중심의 두뇌 계발 프로그램' 및 '생각을 정리하는 기법'으로 불리기도 한다. 방사형 구조로 표현하고, 약도를 그리듯 꼬리에 꼬리를 물고 생각하는 것이 특징이다.	
창안 배경	부잔이 1960년대 브리티시 컬럼비아대 대학원을 다닐 때였다. 학습량은 점점 많아지고 학습은 더 열심히 하는데 학습효율이 좋아지지 않았다. 이 문제점을 어떻게 해결할 수 있을까 고민하다 두뇌 연구를 시작했다. 그는 인간 두뇌의 종합적 사고를 가로막는 이유가 직선적 사고와 전형적 노트방식의 단점 때문이라는 것을 발견하고 전뇌를 활용할 수 있는 방사형 사고의 마인드맵을 개발하였다.	
마인 드맵		
토픽 종류	1. 중심토픽 – 중심토픽은 아이디어에 대한 중심내용 (제목) 2. 주요토픽 – 주요토픽은 중심토픽에 대한 핵심내용 (범위) 3. 하위토픽 – 하위토픽은 주요토픽에 대한 세부내용 (내용)	
사용 방법	첫째, 마인드맵 준비하기 : 3가지 준비물 (아이디어, 종이, 3색 볼펜) 둘째, 마인드맵 시작하기 : 종이방향 (세로가 아닌 가로로) 셋째, 마인드맵 그리기 : ① 중심토픽 ② 주요토픽 ③ 하위토픽 넷째, 가지의 종류 이해 : ① 연상가지 ② 분류가지 ③ 질문가지	
핵심 내용	마인드맵은 복잡한 생각을 한 페이지로 정리하는 생각정리 기법이다. "복잡한 생각을 스마트하게 정리해 보자." * 자세한 내용은 《생각정리스킬》 75쪽을 참고하길 바란다.	

만다라트 (mandal-art) 한 페이지로 아이디어를 구체화하는 방법	
개념 이해	만다라트(mandal-art)는 '목표를 달성한다'는 'Manda + la'와 기술 'Art'를 결합한 단어로, 일본의 디자이너 이마이즈미 히로아키가 깨달음의 경지를 상징하는 불교의 불화에서 아이디어를 얻어 만다라트를 창안했다. 일본의 국보급 투수 오타니 쇼헤이가 성공의 비결로 만다라트를 이야기해 화제가 되었다.

만다라트

복잡한 인생	어쩌면 당신의 이야기	모두에게 필요한 생각정리	생각정리 잘하는 법	생각의 시각화	두뇌 활동	생각정리 로드맵	생각정리 활용법	당신에게 필요한 생각도구
생각정리 강연회	1장 필요성	생각 업그레이드	전두엽	2장 원리	생각 정리 도구	만다라트	3장 생각정리	목표달성 기술
생각정리 스킬이 있는사람	생각정리 기술	집행력 항상비법	우뇌발산 좌뇌정리	나열 분류 배열	질문 확장 정리	결정장애 증후군	마인드맵	3의 로직트리
기획이란 생각정리	기획과 계획	니즈와 원츠	1장 필요성	2장 원리	3장 생각정리	독서 전 독서	기억에 남지 않는 이유	제목 속에 답이 있다
문제해결	4장 기획	브레인 스토밍	4장 기획	생각 정리 스킬	5장 독서	독서 중 독서	5장 독서	목차의 구성을 기억하라
브레인 라이팅	퀘스천맵	한 페이지 기획서	6장 스피치	7장 인생	추천 Tool	독서 후 독서	여백에 생각을 정리하라	독서리스트 작성
스피치가 두려운 당신	메라비언 법칙은 오해다	스피치 생각정리 프로세스	다이어리	일기쓰기 실패 이유	과거 추억 일기	만다라트	마인드맵	로직트리
대상과 목적 분석	6장 스피치	주제 선정	미래 설계 일기	7장 인생	인생 실천 목표	브레인 스토밍	추천 Tool	퀘스천맵
질문 나열	목차 설계	내용 작성	생각의 빅데이터	인생 그래프	버킷 리스트	일마인드	에버노트	나만의 도구를 찾아라

도구 장점	1. 한 페이지로 내용을 볼 수 있다. 2. 틀에 공백을 메우고 싶어진다. 3. 논리적으로 생각이 정리된다.
작성 방법	1. 중심토픽에 핵심목표를 적는다. 이뤄야 할 핵심목표가 무엇인지 생각하자. 2. 주요토픽에 세부목표를 적는다. 8개의 칸을 하나하나씩 칸을 채워 나가자. 3. 하위토픽에 실천방안을 적는다. 실천방안은 구체적일수록 좋다.
핵심 내용	만다라트를 활용하여 한 장으로 아이디어를 정리해 보자. "만다라트는 아이디어를 구체화하는 Tool이다" * 자세한 내용은 《생각정리스킬》 66쪽을 참고하길 바란다.

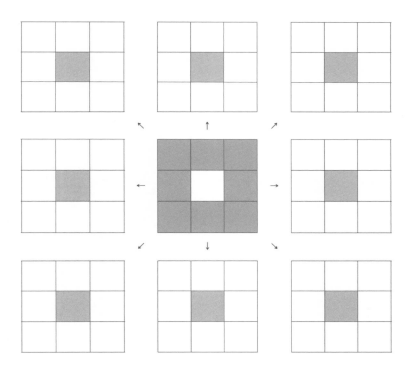

	로직트리 (Logic Tree) 논리적으로 문제를 해결하는 방법
개념 이해	로직트리는 '논리의 나무(Logic Tree)'란 뜻으로, 글로벌 컨설팅업체 맥킨지의 문제 해결 기법이다. 어떤 주제에 대해 나무 형태로 쪼개고 그룹으로 묶는다. 이때 서로 중복되지 않고, 전체로서 누락이 없는지(MECE) 확인해야 한다.
로직 트리	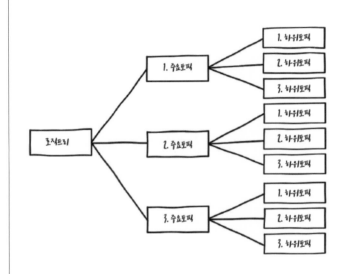
핵심 내용	로직트리를 활용하여 논리적으로 문제를 해결해 보자. "육하원칙에 입각하여 질문하고 그에 맞는 답을 생각하라" * 자세한 내용은 《생각정리스킬》 83쪽을 참고하길 바란다.

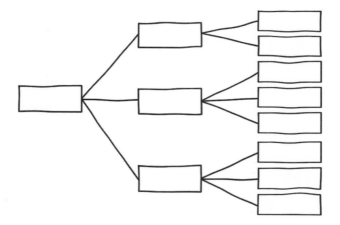

	브레인스토밍 (Brainstorming) 사람들과 함께 만드는 창의적인 아이디어
개념 이해	브레인스토밍은 '두뇌 폭풍(brain storm)'이라는 뜻으로, 여러 사람이 모여 아이디어를 창출하는 회의기법이다. 아이디어들이 확산되며 눈덩이 뭉쳐지듯 연쇄적으로 이어지기 때문에 눈 굴리기(snow bowling) 기법이라고도 한다.
창안 배경	광고회사 BBDO 창립자 알렉스 오스본은 평생 동안 엄청난 시간을 창의성과 상상력을 연구하는 데 몰두했다. 그는 브레인스토밍을 '머리를 써서 어떤 문제를 공격하는 것'으로 간단히 정리했는데, 이 개념은 회의실에서 신입사원들이 말을 꺼내지 못하는 것을 보고 생각했다고 한다.
사용 규칙	첫째, 아이디어 비판 금지다. 브레인스토밍에서는 타인의 아이디어를 절대 비판하지 말아야 한다. 세상에는 아이디어를 잘 내는 사람도 있고 못 내는 사람도 있다. 아무리 하찮은 아이디어라도 생각한 사람의 입장에서는 나름대로 이유가 있게 마련이다. 아이디어는 비판을 받으면 분위기에 짓눌려 더 이상 아이디어를 내지 않기도 한다. 둘째, 자유로운 발표다. 브레인스토밍에서는 아무리 하찮은 아이디어라도 망설이지 말고 발표해야 한다. 평가받는 두려움은 누구에게나 있다. 참여자는 좋은 아이디어가 떠오르지 않을 때마다 신은 왜 자신에게 놀라운 재능을 주지 않았느냐며 한탄할 수 있겠지만, 하찮은 아이디어라도 다른 사람에게 영감을 주어 놀라운 아이디어로 발전될 수 있다고 생각해야 한다. 셋째, 다량의 아이디어 창출이다. 브레인스토밍에서는 아이디어의 질보다 아이디어의 개수가 중요하다. 한 연구에서는 8~15개를 요구할 때가 가장 안정적이며 1인당 25개를 요구할 때는 효과가 반감된다고 한다. 하지만 초보자는 이런 연구결과에 연연해 말고 온갖 생각의 다발을 여러 각도에서 엮어 100개 이상의 아이디어를 내야 한다. 넷째, 아이디어의 확장이다. 브레인스토밍에서는 기존의 아이디어를 결합해 새로운 아이디어가 나오도록 해야 한다. 아이디어란 낡은 요소들의 새로운 결합이듯이, 처음에는 전혀 관계없어 보이는 개별 아이디어들이 이유 있는 기준에 따라 합쳐지면 엄청난 아이디어로 다시 태어나는 경우가 많다. 따라서 기존의 아이디어를 다각도로 검토해 새로운 의미로 확장하는 노력이 필요하다.
핵심 내용	브레인스토밍에서는 아이디어의 질보다 양이 중요하다. "새로운 아이디어를 연상하고 확장하고 융합하라." ＊자세한 내용은《생각정리스킬》116쪽을 참고하길 바란다.

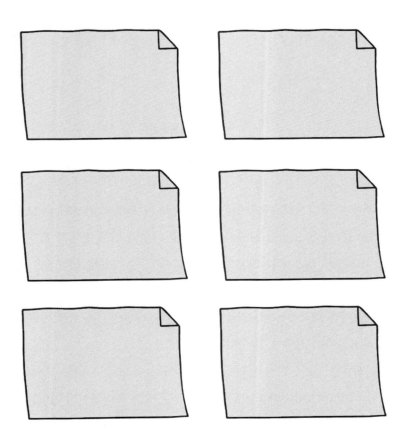

안녕하세요.
콘텐츠 크리에이터 _____입니다

지금까지 '생각정리' 콘텐츠를 기획해 강의와 책으로 완성해 온 모습을 보여드렸다. 그동안 하나의 지향점을 이루기 위해 강의와 책뿐만 아니라 칼럼, 방송, 라디오, 팟캐스트, 유튜브 등 다양한 플랫폼을 통해 콘텐츠를 전해왔다. 그 과정에서 콘텐츠의 형태와 플랫폼은 매번 바뀌었지만 결국 한 가지 일을 하고 있었다. 나만의 콘텐츠를 기획하고 사람들에게 전하는 일이었다.

이제 와서 모든 과정을 다시 돌이켜 보니 내가 하는 일은 단지 강사와 작가만이 아니라 더 넓은 의미의 '콘텐츠 크리에이터'였다! 앞으로 새로운 형태의 플랫폼이 생겨난다면 그곳에서도 자신 있게 콘텐츠를 전할 것이다. 그것이 가능한 이유는 나만의 콘텐츠가 있고, 콘텐츠 기획력이 있으며, 콘텐츠에 대한 믿음이 있기 때문이다.

나는 다시 태어나도 콘텐츠 크리에이터가 되고 싶다. 그 이유는 내가 나일 수 있는 일을 하면서 살아갈 수 있기 때문이다. 많은 분들이 '나만의 콘텐츠'를 만들어 더 행복하고 풍요로운 삶을 살 수 있기를 바란다. 책은 여기서 끝나지만 콘텐츠 기획 스토리는 삶 속에서 계속될 것이다.

《생각정리기획력》이 세상에 출간되고, 언젠가 우리가 만나게 된다면 서로 이렇게 인사를 나눴으면 좋겠다.

"안녕하세요. 콘텐츠 크리에이터 <u>복 주 환</u> 입니다!"

"안녕하세요. 콘텐츠 크리에이터 _____ 입니다!"

| 참고문헌 |

김정운, 《에디톨로지》, 21세기북스, 2014
김학원, 《편집자란 무엇인가》, 휴머니스트, 2009
남충식, 《기획은 2형식이다》, 휴먼큐브, 2014
마스다 무네아키, 《지적자본론》, 이정환 역, 민음사, 2015
앨런 가넷, 《생각이 돈이 되는 순간》, 이경남 역, 알에이치코리아, 2018
오상식, 《강연의 시대》, 책비, 2017
쇼펜하우어, 《쇼펜하우어 문장론》, 김욱 역, 지훈, 2005

주석

1) 〈콘텐츠에 대한 개념과 정의〉, 네이버 지식백과
2) 〈콘텐츠〉, 네이버 지식백과
3) 연예인 · 스포츠 스타들의 개명, 매일신문, 2016.06.03

생각정리기획력